CliffsNotes™

제인 에어

Jane Eyre

샬럿 브론테

세계의 교양을 읽는다

고전을 왜 읽는가?

인간의 삶과 세상에 대한 영원한 물음이 있기 때문이다. 시대와 사상을 뛰어넘어 지금 여기 우리에게 필요한 물음이 없는 고전은 더이상 고전이 아니다. 인간과 삶에 대한 근원적인 물음 없이 고전을 읽는다면 자신과 인간에 대한 성찰과 지혜로 이어지지 않는다. 논술 시험 때문에, 과제물 때문에, 아니면 남들이 읽으니까, 나도 읽는다는 식이라면 그 책은 죽은 책일 수밖에 없다.

고전을 살아 있는 책으로 만드는 이 '물음!'에 답하기 위해서는 좋은 길잡이가 필요하다. 40년 이상 미국의 고교생과 대학 주니어들이 시험, 에세이 작성, 심층토론 준비를 위해 바이블처럼 애용해온 'CliffsNotes'와 'SPARKNOTES'는 바로 그런 좋은 길잡이의 표본이다. 이 두 시리즈가 원조 논술연구모임인 '일이관지(一以貫之)' 팀의 촌철살인적 해설을 곁들여 〈다락원 명작노트〉로 재탄생해 논술로 고민중인 대한민국 학생 여러분을 찾아간다.

CliffsNotes와 SPARKNOTES의 가장 큰 장점은 방대하고 난해한 고전을 Chapter별로 요약하고 분석해서 원전의 내용에 보다 쉽고 체계적으로 접근하는 신속·간편성이라고 할 수 있다. 여기에 '一以貫之'팀이 원전의 중요한 문제의식, 즉 근원적 '물음'은 무엇이며, 그 '물음'은 오늘날에도 여전히 유효한가, 라는 질문을 다시 던진다.

대입논술로 고민하고, 자칭 타칭의 고전이 넘쳐나는 오늘의 독서풍토에서 지적 정복이 긴박한 대한민국 학생들에게 감히 이 시리즈를 자신 있게 권한다.

一以貫之 논술연구모임 연구실장 이호곤

CliffsNotes와 SPARKNOTES는 방대한 원작을 보다 쉽게 이해할 수 있도록 돕는 안내서입니다. 원작 이해를 돕기 위해 작가와 작품에 대한 배경 지식, 그리고 매 장마다 간단한 '줄거리'와 '풀어보기'가 실려 있습니다. '줄거리'를 통해서는 원작의 내용을 명쾌하게 파악함으로써 독서의 즐거움을 느낄 수 있을 것입니다. '풀어보기'에는 원작에 담긴 문학적 경향, 등장인물의 심리상태, 시대상, 주제 등을 설명해 놓았습니다. 비판적 글읽기의 바탕이 되는 요소들이죠. 비판적 글읽기는 소설과 비소설 작품을 막론하고 책을 읽을 때 꼭 필요한 자질입니다.

그 밖에도 작품을 좀더 심오하게 분석할 수 있도록 '마무리 노트', 'Review' 등을 마련해 놓아 독자 여러분의 글읽기를 돕고 있습니다.

CliffsNotes에는 특히 관심을 갖고 읽어야 할 필수요소를 강조하기 위해 다음 네 가지 아이콘을 사용하고 있습니다.

 작품 속에 내재된 주제를 드러내줍니다.

 등장인물의 속내를 알 수 있도록 도와줍니다.

 배경, 분위기, 열정, 폭력, 풍자, 상징, 비극, 암시, 불가사의 등의 요소를 밝혀줍니다.

 단어와 문구의 미묘한 느낌을 감상할 수 있도록 해줍니다.

*〈　〉는 장편소설, 중편소설, 논픽션, 시집. "　"는 수필집, 단편소설

○ 일이관지(一以貫之) 논술노트

권말에는 一以貫之 논술팀에서 작성한 논술 노트가 실려 있습니다. 원작을 우리의 삶과 연계시켜 비판적 사고와 논리적 글쓰기의 방향을 제시합니다.

○ 실전 연습문제

논술예제와 기출문제를 통해서는 원작을 바탕으로 출제 가능성이 높은 논점을 함께 숙고해 봅니다.

작가 노트

작가의 생애 ○

작가의 생애

샬럿 브론테 Charlotte Bronte는 스무 살 때, 시(詩) 몇 편을 계관시인 로버트 사우디에게 보낸다. 그의 논평은 문학 수업을 포기하라는 당부였다. 그는 "문학은 여자가 일생을 걸고 할일이 못 됩니다. 결코 해서는 안 될 일입니다. 여성 고유의 의무에 충실할수록 교양이나 기분전환으로서도 문학에 매달릴 여유가 줄어들게 마련입니다." 그의 반응은 빅토리아 시대* 영국에서 여성이 문단에 들어가려고 할 때 직면하는 어려움을 시사한다. 다시 말해, 여자는 가사(家事) 책임에 모든 정력을 바쳐야 하므로 창조적 활동에 할애할 시간이 없다는 것이다. 이처럼 바깥 세계의 지지가 부족했음에도 불구하고, 샬럿 브론테는 작가로서의 성공과 더불어 가족의 의무와 창작 욕구를 균형 있게 유지할 수 있는 동기와 열정을 자매들에게서 찾았다.

샬럿은 1816년 4월 21일 영국 요크셔 주 손턴에서 패트릭 브론테와 마리아 브랜웰의 셋째 딸로 태어났다. 1820년, 그녀는 부목사인 아버지를 따라 요크셔 황야 지대의 벽지 하워스로 이사해 일생의 대부분을 살았다. 1821년, 어머니가 암으로 사망한 뒤 샬럿과 네 자매인 마리아, 엘리자베스, 에밀리,

---

* **빅토리아 시대:** 1837-1901년의 영국 빅토리아 여왕이 다스린 시기. 산업혁명 등으로 물질적 번영을 구가한 시대로 알려져 있다.

앤, 그리고 남동생 브랜웰 등, 여섯 남매를 주로 키워준 사람은 미혼인 이모 엘리자베스 브랜웰이었다. 우울한 성격의 이모는 조카들을 거의 감독하지 않고 자유롭게 방임하는 편이어서 아이들은 마음껏 황야를 쏘다니며 뛰놀 수 있었다. 그뿐만 아니라, 아버지는 아이들이 흥미를 느끼면 어떤 책이든 마음대로 읽게 했다. 그들이 좋아했던 읽을거리는 셰익스피어, 〈아라비안 나이트 *Arabian Nights*〉, 〈천로역정 *Pilgrim's Progress*〉, 그리고 바이런의 시였다.

1824년 코원 브리지에 학교가 문을 열자, 브론테 목사는 네 딸을 나이순으로 그곳에 보내 교육을 받게 했다. 대부분의 전기작가들은 샬럿이 〈제인 에어 *Jane Eyre*〉에서 묘사한 로우드 학교는 이곳의 열악한 환경을 그대로 반영하고 있다고 주장한다. 샬럿의 두 언니인 마리아와 엘리자베스는 학교의 형편없는 운영 탓으로 폐결핵에 감염되어 1824년에 사망했다. 이 비극을 겪은 브론테 목사는 샬럿과 에밀리에게 학교를 그만두게 했다.

언니들의 죽음을 슬퍼하며 외로움을 달랠 길을 찾던 나머지 네 남매는 아버지가 사다준 장난감 병정들을 소재 삼아 〈유리의 마을 *Glass-Town*〉이란 연작 동화를 쓰기 시작했다. 그들은 이 이야기를 위해 환상적인 세계를 꾸며냈다. 앙그리아라는 서부 아프리카의 한 가상 제국이 그것이었다. 샬럿은 글짓기에 대한 그들의 흥미를 이런 말로 설명했다. "우리는 삶의 즐거움과 일을 위해 전적으로 서로에게 의지하고 책과 공부에 의존했어요. 어린 시절부터 줄곧 우리가 받았던 가장 큰 자극과 신나는 즐거움은 문학작품을 창작하려는 노력에 있었답니다." 샬럿은 20대 초반부터 앙그리아 이야기를 개작하고 확대하면서 주요 등장인물과 배경을 발전시켰다. 이런 글쓰기는 샬럿의 문체를 향상시키는 데 도움이 되었지만, 앙그리아에 나오는 모험들은 공상적이고 멜로드라마적인 것으로 그녀의 사실적인 성인소설들과는 대조적이었다.

아버지 패트릭은 폐질환을 얻은 후, 자신의 사후에 딸들이 생계 수단을 가지려면 교육을 받아야 한다고 생각했다. 1831년, 샬럿은 로헤드에 소재한 미시스 울러스 학교에 입학했다. 수줍음 많고 외톨이였던 그녀는 학교생활이 즐겁지는 않았으나, 여러 가지 상을 타고 메리 테일러와 엘렌 너시라는 평생 친구를 사귈 수 있었다. 졸업 후에는 이 학교로부터 교사직을 제의받지만 사양하고 하워스로 돌아갔다. 그러나 하워스에서의 외로운 생활에 싫증이 난 데다, 세상으로 나가 활동적인 직업을 찾기 위해 1835년 가정교사직을 얻어 로헤드로 돌아간다. 그 후 가정교사 자리는 적성에 맞지 않고 '노예 신세'처럼 여길 정도로 신경쇠약에 이르러 1838년 그만둔다. 불행히도 빅토리아 시대 영국에서는 중류층 여성이 가질 수 있는 직업은 가정교사뿐이었다. 가족에게 돈이 필요했기 때문에 샬럿은 두 차례 더 가정교사 일을 하지 않을 수가 없었는데, 마치 부유한 가정의 하인 같은 느낌을 떨쳐버릴 수 없었다. 가정교사 자리가 '인간의 본성으로부터 소외되는 느낌'을 주었기 때문에, 다른 사람의 가정에서 지내는 생활이 즐겁지 않았던 것이다.

그녀는 독립해서 살기 위한 일자리를 마련하려고 하워스에서 학교를 열 구상을 하게 되었다. 이 사업을 시작하기 전, 교사로서의 역량을 높이려면 프랑스어와 독일어를 유창하게 해야 한다고 생각한 그녀는 26세에 브뤼셀의 펜시오나트 헤거에 입학한다. 새로운 문화 속에서 생활하는 자유와 모험을 즐기던 샬럿은 이 학교의 독신 교장을 열렬히 짝사랑하게 되었다. 하지만 사랑의 상처를 안은 채 2년간의 유학 생활을 청산하고 귀국한다. 그리고 학교를 열려던 희망은 한 명의 학생도 유치하지 못해 물거품이 되고 말았다.

이제 그녀는 모든 정열을 글쓰기에 쏟아 부었다. 에밀리의 시를 읽은 샬럿은 에밀리와 앤, 그리고 자신의 시를 모아서 직접 출판하기로 마음먹었다. 이 목표는 1846년에 이루어진다. 하지만 여류작가에 대한 사회의 이중적인 기준 때문에, 커러, 액톤, 앨리스 벨이라는 남자 이름으로 출판했다. 〈포임스 *Poems*〉라는 이 시집은 상업적으로는 성공하지 못했으나, 세 자매는 글쓰기를 이어나갔다. 그들은 전업작가가 된 것에 신명이 나서 각각 소설을 쓰기 시작했다. 앤의 〈아그네스 그레이 *Agnes Grey*〉와 에밀리의 〈워더링 하이츠 *Wuthering*

Heights〉는 출판업자가 나섰지만, 브뤼셀에서의 경험을 자전적으로 쓴 샬럿의 〈교수 Professor〉는 여러 출판사에서 퇴짜를 맞는다. 샬럿은 좌절하지 않고, 1846년에 백내장 수술을 받게 된 아버지를 모시고 맨체스터를 여행하면서 〈제인 에어〉를 집필하기 시작했고, 1847년 10월 16일 출간했다. 이 소설은 나오기 바쁘게 인기를 얻어 그녀에게 문학적 명성과 함께 가정교사 월급의 25배에 상당하는, 당시로서는 거금인 500파운드를 안겨주었다.

이 같은 문학적 성공은 곧 가족의 비극으로 빛을 잃었다. 1848년 앤과 샬럿이 본명을 출판사에 밝힌 직후에 브랜웰이 세상을 떠났다. 외아들에 대한 가족의 높은 기대에 부담을 느낀 나머지 아편과 알코올중독에 빠졌던 것이다. 곧이어 에밀리와 앤도 사망했다. 샬럿은 1849년 다음 소설인 〈셜리 Shirley〉를 탈고했으나 자매들의 죽음으로 인한 슬픔으로 정신적인 공황 상태에 빠졌다. 영국 문단의 존경받는 일원으로 등단했지만 바로 그 시기에 사랑하는 자매이자 가장 열광적인 지지자인 두 동생을 잃게 되어 영광을 함께 나눌 수 없었기 때문이었다. 〈셜리〉가 출판된 뒤에 런던을 방문한 그녀는 그곳에서 윌리엄 새커리*, 엘리자베스 개스켈**을 포함한 많은 문인

---

* **윌리엄 새커리**(William Thackeray, 1811-63): 19세기 영국 문학을 대표하는 소설가. 대표작 〈허영의 시장〉, 〈헨리 에즈먼드〉 등.

** **엘리자베스 개스켈**(Elizabeth Gaskell, 1810-65): 영국의 여류 소설가. 대표작 〈메리 바턴〉.

들을 알게 되었다. 개스켈은 나중에 샬럿이 사망한 뒤 그녀의 전기(傳記)를 썼다.

1845년부터 브론테 목사의 대리목사로 있던 아서 B. 니콜스가 1852년 샬럿에게 청혼을 했다. 그에 앞서 샬럿은 진정한 사랑을 찾고 싶었기 때문에 여러 차례 그의 청혼을 거절해 왔으나, 세 남매의 죽음이 가져온 외로움에서 벗어나려고 청혼을 받아들인 것으로 보인다. 니콜스를 "존중하지만 사랑하지는 않는다"고 말했던 샬럿과 남편의 관계는 열정이 넘치지는 않았던 것이 분명하다. 딸과 니콜스의 결혼에 대한 브론테 목사의 질투 섞인 반대로 니콜스는 〈빌레트 Villette〉가 출판된 1853년에 하워스를 떠났으나 1854년 아버지의 반대가 약간 수그러지자 1854년 6월 29일 결혼식을 올렸다. 결혼 후, 샬럿은 글을 쓸 시간적 여유를 갖지 못했다. 목사의 아내로서 의무를 다하고 병든 아버지를 돌봐야 했기 때문이다. 1854년 그녀는 임신 초기에 비를 맞으면서 황야를 멀리 산책하는 바람에 폐렴에 걸려 39회 생일을 한 달 남긴 1855년 3월 31일 세상을 떠났다. 1846, 47년에 쓴 〈교수〉는 1857년에 출판되었다. 개스켈이 집필한 전기 〈샬럿 브론테의 일생 Life of Charlotte Bronte〉도 같은 해에 나왔다.

작품 노트

작품의 개요

〈제인 에어〉는 1847년 출판되자마자 곧바로 인기를 얻으며 큰 성공을 거두었다. 빅토리아 시대의 저명한 문학 평론가 조지 루이스는 이 작품을 '이번 시즌 최고의 소설'이라고 했지만 비판도 있었다. 엘리자베스 리그비는 쿼터리 리뷰 1848년 12월호에 실린 유명한 공격에서, 제인은 '사악하고 수양되지 않은 영혼의 화신(化身)'이며, 이 소설은 전반적으로 '비(非)기독교적'이라고 평했다. 리그비의 비판은 이 소설의 인기 요인 중 하나인 반항적인 경향 때문일지도 모른다. 〈제인 에어〉는 그 시대의 교육, 가족, 사회계급, 기독교 신앙 등을 포함해 사회의 근간을 이루는 제도들에 대해 의문을 제기하고, 다양한 사회적 · 정치적 문제들을 숙고해 보도록 만든다. 여성의 사회적 지위는 무엇인가, 영국과 식민지들 사이의 관계는 어떤 것인가, 인간 생활에서 예술적인 노력은 얼마나 중요한가, 꿈과 환상은 현실과 어떤 관계가 있나, 성공적인 결혼의 토대는 무엇인가, 등등의 의문이 그것이다. 이 소설은 이런 문제들을 던져주면서도, 그 어느 것에 대해서도 간명한 해답을 설교적으로 제시하지 않는다. 독자들은 이 작품에 대한 독특한 개인적 분석을 바탕으로 그들 자신의 해답에 대해 생각해 볼 수 있다. 이런 다차원성(多次元性)으로 인해 〈제인 에어〉는 다양한 독자들에게 읽을 만한 소설이 되고 있다.

이 소설이 장수하는 이유 중 하나는 21세기 독자들에게
도 의문을 제기하는 사회적인 의미에 있다. 하지만 이야기를
계속 재미있고 흥미진진하게 끌고 가는 문학적 양식도 한 가
지 이유라고 하겠다. 즉 로체스터와 제인의 사랑 이야기뿐만
아니라, 주요 등장인물의 심리적 · 도덕적 성장을 보여주는 이
른바 '성장소설'의 형식 및 고딕풍과 영혼 탐구 등의 예술적
관행을 동원하고 있기 때문이다. 성장소설 면에서 보면, 사랑
받지 못하던 고아 출신 제인이 나중에 행복하게 결혼하고 독
립된 여인으로 성장해 가는 과정을 1인칭의 회고 형식을 빌어
풀어가는 구성으로 짜여 있다. 제인은 독자들에게 이 자아 인
식의 여행에 동참하도록 호소하고, 독자는 동반자가 되어 주
인공과 더불어 배우고 변화해 간다. 고딕적으로는 초자연적
요소, 환상적 요소, 무시무시한 요소들을 강조하고 있다. 붉은
방에서 리드 부인의 유령 같은 모습, 손필드 저택에서 들려온
버사의 이상한 웃음소리, 로체스터 씨의 어둡고 시무룩한 표
정 등이 그렇다. 이런 요소들은 긴장감을 조성하고, 손필드의
미스터리를 풀어가려고 애쓰는 제인의 노력에 독자들을 끌어
들인다. 마지막으로 이 소설은 심령을 탐구하는 작품으로 읽
을 수도 있다. 제인이 긴 인생 항로에서 머무는 곳마다 종교와
의 관계에서 자신의 위치를 찾으려고 노력하는 모습을 확인할
수 있다. 그녀는 브로클허스트, 세인트 존(이하 '신진') 리버스,
일라이자 리드의 성격 묘사를 통해 기성 종교계를 부정적으로

그리고 있다. 하지만 제인은 황야에서 하룻밤을 보낸 이후 나름대로의 종교관을 발견한다. 인간이 자연에 가장 가까울 때, 신(神)과도 가장 가까워진다고 보게 되는 것이다. "우리는 그분의 무한함, 그분의 전능함, 그분의 편재(遍在)함을 헤아리게 된다." 신과 자연은 둘 다 자비와 동정과 용서의 원천이다.

줄거리

부모의 잇단 죽음으로 유아 때 고아가 된 제인 에어는 게이츠헤드에 있는 외숙모 새러 리드 집에서 살고 있다. 이제 열 살이 된 제인은 집안의 천덕꾸러기 취급을 받고 있다. 제인의 외사촌 자매들인 일라이자와 조지애너는 그녀를 특별히 괴롭히지는 않지만, 그렇다고 좋아하지도 않는다. 오빠인 존은 눈에 보이는 적대감을 가지고, 그녀가 자기 집에 얹혀사는 군식구로 자기네 같은 양가집 아이들과 함께 살 처지가 못 된다고 구박한다. 어느 날 그가 제인이 자기 책을 읽고 있는 모습을 보고, 화를 내며 책을 빼앗아 그녀에게 던지자 화가 난 제인이 대들어 한판 싸움이 벌어진다. 리드 부인은 소동을 일으킨 장본인이 제인이라고 꾸짖으면서, '붉은 방'에 가둔다. 착한 외삼촌이 병으로 돌아가신 후, 아무도 사용하지 않는 으스스한 방이다. 제인은 거기서 외삼촌의 유령을 보았다고 생각하고 겁에 질려 밖으로 내보내달라고 애원한다. 리드 부인은 고분고분해질 때까지 가둬두겠다며 제인의 애원을 물리친다. 방문이 다시 잠기자 제인은 그만 까무러친다. 그녀가 제 방에서 깨어났을 때, 친절한 약제사 로이드 씨가 침대 옆에서 걱정스럽게 지켜보고 있다. 로이드 씨는 리드 부인에게 제인이 게이츠헤드에서는 불행하니까, 자선학교로 보내라고 충고한다.

제인은 고아 소녀들을 위한 자선기관인 브로클허스트 씨가 운영하는 로우드 학교로 보내진다. 인색하고 불친절한 목사 브로클허스트 씨는 소녀들에게 굶어죽지 않을 정도의 식사와 형편없는 의복과 신발을 제공하고, 추운 겨울에도 방에 불도 제대로 때주지 않는다. 그는 소녀들이 겸손을 배워야 한다는 말로 잘 먹이고 입히지 않는 것을 정당화한다. 어린 학생들을 큰 고난을 견뎌낸 기독교 순교자들에 비유하며, 어려움 이기는 법을 배워야 한다고 설교할 때도 있다. 힘든 환경에도 불구하고, 제인은 학교 생활이 리드 가족과 사는 것보다는 더 좋다. 여기서 두 사람의 새 친구도 얻는다. 템플 선생과 헬렌 번스가 그들이다. 제인은 템플 선생으로부터 숙녀다운 바른 몸가짐과 동정심을 배운다. 헬렌에게서는 더 큰 정신적인 집중을 배운다. 학교의 을씨년스러운 환경과 빈약한 식사로 발진티푸스 전염병이 발생해 학생들의 거의 절반이 죽게 되고, 헬렌 번스도 제인의 팔에 안겨 숨을 거둔다. 이 일로 브로클허스트 목사는 로우드 학교 관리직에서 쫓겨나고, 학생들의 생활 여건이 조금 나아진다. 제인은 곧 로우드의 인기 학생이 되고, 6년간 열심히 공부한 끝에 졸업과 동시에 이 학교의 유능한 선생님이 된다. 그녀는 로우드에서 2년간 교사 생활을 하고 나서 더 큰 도전을 준비한다. 템플 선생이 결혼과 함께 떠나고 나니, 학교가 다르게 보이는 것 같다. 제인은 지방 신문에 가정교사 구직 광고를 낸다. 유일하게 밀코트 부근에 있는 손필드 저택의 페어팩스 부인한테서 연락이 온다. 열 살짜리 소녀를 맡아줄 여자 가정교사를 구한다는 편지다. 제인은 그 일자리를 받아들인다.

아늑한 3층짜리 시골 저택인 손필드에서 제인은 따뜻한 환영을 받는다. 새로운 제자 아델르 바렝과 손필드 저택의 관리인 페어팩스 부인 둘 다 마음에 들지만, 곧 왠지 모를 불안감을 느끼게 된다. 1월 어느 날 오후에 제인은 편지를 부치러 밀코트 읍내로 걸어가던 중, 말이 얼음에 미끄러지는 바람에 낙상한 사람을 도와준다. 집으로 돌아온 제인은 그 사람이 바로 손필드 저택의 주인이자 자기를 고용한 에드워드 페어팩스 로체스터임을 알게 된다. 그는 30대 후반으로 검은 머리에 침울한 표정을 하고 있다. 제인은 말수가 적지만 신비롭고 열정적인 그의 성격이 점점 좋아진다. 그는 제인에게 아델르의 어머니로 한때 자기 정부(情婦)였던 파리의 오페라 가수 셀린느에 관한 얘기를 털어놓는다. 아델르는 친딸이 아니지만, 어머니가 딸을 버린 후 가엾게 된 그 애를 구해 주려고 영국으로 데려왔다는 것이다.

제인은 또한 손필드에 어떤 비밀이 숨겨져 있다는 것을 감지하게 된다. 가끔 3층에서 미친 듯한 괴상한 웃음소리가 들려온다. 페어팩스 부인은 음주벽이 있는 침모 그레이스 풀의 웃음소리라고 하지만 제인은 믿지 않는다. 어느 날 밤 로체스터의 방에서 연기 냄새가 복도로 흘러나온다. 제인이 그의 방으로 달려가자, 커튼과 침대가 불타고 있다. 그녀가 로체스터를 깨우려고 하지만 잠을 깨지 않자, 물통을 들고 가 사람과 침대 위에다 찬물을 쏟아 붓는다. 잠에서 깨어난 그는 이 일을 절대 아무에게도 말하지 말아달라고 당부하면서 아마 그레이스 풀이 그랬을 것이라고 말한다. 하지만 왜 그레이스에게 책임을 추궁하거나 쫓아내지 않는지, 제인의 궁금증만 더 자극할 뿐이다.

이 사건이 있은 뒤, 로체스터는 갑자기 그 지역의 다른 저택에서 열리는 파티에 참석하기 위해 손필드를 떠나버린다. 그가 없는 동안 왠지 슬픈 기분에 빠진 제인은 그를 사랑하게 된 것을 깨닫는다. 그는 일주일간 집을 비웠다가 아름다운 블랑슈 잉그램 양 등 일단의 손님들과 함께 귀가한다. 제인은 로체스터가 이 세련되고 당당한 검은 머리의 미녀를 좋아한다고 생각하며 질투를 느낀다. 어느 날 로체스터의 옛 친구라는 리처드 메이슨이 방문해 파티에 합류한다. 제인은 그를 통해 로체스터가 한때 자메이카의 스패니시 타운에서 살았다는 사실을 알게 된다. 어느 날 밤 메이슨이 3층에서 이상한 공격을 받아 다친다. 아마도 그레이스 풀이 미쳐서 덤벼든 것으로 여겨진다.

제인은 죽음이 가까워진 외숙모 리드 부인의 임종을 지키기 위해서 한 달간의 말미를 받아 게이츠헤드로 간다. 외숙모는 아들 존이 지나친 방탕 끝에 자살한 뒤, 충격으로 몸져누워 있다. 제인은 외숙모와 화해를 시도하지만 그녀는 온갖 화해 노력을 물리친다. 그녀는 죽기 전에 제인의 숙부가 보낸 편지 한 통을 건넨다. 제인을 양녀로 삼아 전 재산을 상속해 주고 싶다는 내용이다. 그 편지는 3년 전에 온 것이었지만, 리드 부인이 제인에 대한 앙심으로 전하지 않았던 것이다. 리드 부인은 친딸들의 사랑도 받지 못한 채 세상을 떠난다.

제인이 손필드로 돌아오니 손님들은 모두 떠나고 없다. 로체스터는 곧 블랑슈와 결혼할 예정이므로 제인과 아델르가 이곳을 떠나야 할 것이라고 농담조로 말한다. 샤레이드 게임*의 중간에 제인은 로체스터를 사랑한다고 밝히고, 두 사람은 약혼하게 된다. 그녀는 사랑하는 사람과 결혼하게 되어 행복하다. 그러나 결혼식을 한 달 앞둔 무렵, 손필드가 파멸하고 자신이 마구 울어대는 갓난아기를 안고 달아나는 이상한 악몽에 시달린다. 결혼식 이틀 전날 밤에는 검은 머리를 풀어 흩뜨린 무시무시한 여인이 제인의 방에 들어와 면사포를 둘로 찢

---

* **샤레이드 게임:** 몸짓으로 나타내는 단어를 맞히는 놀이.

어버린다. 제인은 그 여인이 그레이스 풀이 아니라고 확신하지만, 로체스터는 그 괴짜 침모가 틀림없다고 말한다. 마침내 결혼식 날 아침. 제인과 로체스터는 제단 앞에 마주보고 서서 혼인서약을 하고 있다. 그때 갑자기 웬 낯선 사람이 이 결혼에는 장애(障碍)가 있다고 선언한다. 로체스터가 버사 앙뜨와네트 메이슨이라는 여인과 이미 결혼한 기혼자라는 주장이다. 로체스터는 결혼식에 참석한 사람들을 이끌고 자기 집으로 간다. 그곳 3층의 어느 방에서 그들은 그의 미친 아내가 흉포한 모습으로 묶여 있는 것을 발견한다. 그레이스 풀은 그 미친 여자를 지키는 사람이고, 이상한 웃음소리와 기이한 폭력 사건의 주인공은 버사인 것으로 드러난다. 로체스터는 제인에게 정식 결혼은 할 수 없으니 정부가 되어 프랑스 남부의 휴양지 별장에 가서 함께 살자고 애원한다.

제인은 한밤중에 여벌의 옷도 챙기지 않은 채, 손필드를 빠져나간다. 가진 돈이라곤 20실링뿐인 그녀는 마차를 타고 멀리 위트크로스라는 곳까지 간다. 거기서 사흘간 숲속을 헤매 다니고, 마을로 들어가 일자리를 구하다가 나중에는 먹을 것을 구걸하는 비참한 처지가 된다. 사흘째 되는 밤, 그녀는 불빛을 따라 황야를 가로질러 '마시 엔드'('무어 하우스'라고도 한다.)라는 집에 당도한다. 리버스 가족이 소유한 집이다. 가정부 해너는 수상한 그녀를 돌려보내려 하지만, 집주인이자 목사인 신진이 쉴 자리를 제공한다. 제인은 곧 신진의 두 자매인 다이애너, 메리와 가까운 친구가 된다. 신진은 제인에게 모턴에 있는 자기 교구(敎區)의 가난한 소녀들을 위한 학교의 교사 자리를 제의한다. 다이애너와 메리는 아버지가 물려준 재산이 없기 때문에 가정교사로 생활비를 벌어 살아가고 있다.

어느 날 신진은 제인이 숙부 존 에어로부터 2만 파운드의 재산을 상속받은 사실을 알게 된다. 그녀는 신진의 본명이 신진 에어 리버스이고, 그와 그의 자매, 그리고 제인이 사촌임을 깨닫는다. 그런데 존 에어가 남긴 유산 상속자 명단에는 리버스 가족이 빠져 있다. 존 에어와 리버스 남매의 아버지 사이의 오래된 반목 때문이다. 하지만 제인은 자기도 가족이 있다는 사실에 감동해서 그 유산을 넷으로 나누자고 고집한다. 그리고 곧 가정교사 일을 그만두게 될 리버스 자매가 돌아와서 살도록 무어 하우스를 고치기 시작한다. 신진은 시골 목사로 일생을 보내는 데 만족할 수 없어, 인도로 가서 선교 사업에 투신할 계획을 세운다. 그는 제인에게 아내가 되어 동행하자고 설득하려 한다. 제인은 그가 자기를 진정으로 사랑하지는 않지만 목적 달성을 위해 이용하고 싶어한다는 것을 알고 청혼을 거절하면서도, 아내가 아닌 동료로서 동행하겠다는 타협안을 내놓는다. 신진은 불같이 열렬한 설교로 제인과의 결혼을 거의 성공시킬 단계까지 몰고 간다. 그런데 어느 날 밤 제인은 갑자기 자기를 부르는 로체스터의 목소리를 환청(幻聽)으로 듣는다.

제인은 무어 하우스를 떠나 진실한 사랑 로체스터를 찾아 나선다. 밀코트에 도착한 그녀는 꿈에서와 같이 손필드 저택이 화재로 불타버린 것을 알게 된다. 그녀는 여관 주인으로부터 버사 메이슨이 집에 불을 질러 화재가 났고, 로체스터가 아내와 하인들을 구하려다가 한쪽 눈과 한쪽 손을 잃었으며, 지금은 펀딘에서 은둔생활을 하고 있다는 이야기를 듣는다.

제인은 곧장 마차를 타고 펀딘으로 달려가고, 그곳에서 힘없고 불행한 로체스터를 발견한다. 제인은 음식을 들고 가서 자기가 왔음을 확인시킨다. 재회한 두 사람은 결혼한다. 10년 후, 제인이 이 이야기를 술회하고 있다. 그녀의 결혼생활은 아직도 축복에 차 있고, 아델르는 잘 자라서 제인에게 좋은 친구가 되었으며, 다이애너와 메리도 결혼했다. 신진은 아직도 선교사로 일하고 있으나 죽음이 임박하다. 로체스터는 시력을 약간 회복해 첫 아들을 볼 수 있게 된다.

등장인물

제인 에어 *Jane Eyre* 주인공. 소설의 첫머리에 자기를 싫어하는 외숙모와 외사촌 남매들 집에 얹혀살고 있는 열 살짜리 외롭고 무력한 고아이지만 강한 인물로 성장한다. 로우드 자선학교에서 근면과 총명함으로 학생들 사이에 두각을 나타낸다. 손필드 저택의 가정교사가 되어 주인 에드워드 로체스터와의 관계를 통해 사랑의 즐거움과 고통을 배운다. 그에게 기만당한 뒤, 마시 엔드로 가게 되고, 거기서 신진의 청혼을 거부하면서 내적인 힘을 발견한다. 강인하고 독립적인 여성이 되어 진정으로 사랑하는 로체스터와 결혼해 행복을 찾는다.

에드워드 페어팩스 로체스터 *Edward Fairfax Rochester* 제인의 연인. 얼굴이 검고 정열적이며 자주 깊은 사색에 잠긴다. 전통적인 낭만적 주인공인 로체스터는 기구한 운명을 살아간다. 미쳐버린 버사 메이슨과 결혼하게 된 그는 정부들의 품안에서 위안을 찾으며 여러 해를 방탕한 생활로 보낸다. 마침내 순결한 삶을 모색하다가 수양 딸 아델르의 가정교사로 고용한 제인 에어를 만나 아내로 맞으려 한다. 그들의 결혼은 그가 기혼자라는 사실이 밝혀지면서 수포로 돌아간다. 아내 버사가 손필드에 불을 질러 한쪽 눈과 한쪽 손을 잃게 되지만 제인과 재회해 행복을 찾는다.

새러 리드 *Sarah Reed* 제인을 열 살 때까지 양육한 불친절한 외숙모. 제인은 그녀의 임종을 앞두고 화해하려고 하지만 그녀는 끝내 마음의 문을 열지 않는다. 친자녀들로부터도 사랑받지 못하고, 제인을 학대한 것도 뉘우치지 않은 채 세상을 떠난다.

존 리드 *John Reed*　마음씨 고약하고 버르장머리 없는 외사촌 오빠. 제인을 붉은 방에 감금시킨 책임이 있다. 그는 술과 도박에 빠져 스물여섯 살에 죽는데, 자살한 것으로 알려지고 있다.

일라이자 리드 *Eliza Reed*　제인의 응석받이 외사촌 언니 가운데 하나. 여동생 조지애너의 미모를 미친 듯이 시샘한다. 조지애너와 에드윈 비어 경의 사랑을 방해하고, 독실한 크리스천이 된다. 그러나 그녀 식의 기독교 신앙에는 동정심이나 인간애가 결여되어 있다. 그녀는 죽어가는 어머니에게도 동정심을 보이지 않고, 어머니가 사망하면 조지애너와 모든 접촉을 끊겠다고 다짐한다. 실용성이 그녀의 좌우명이다. 프랑스의 한 수녀원 원장이 되어 자기 돈을 모두 교회에 바친다.

조지애너 리드 *Georgiana Reed*　일라이자와 존의 여동생. 가족 중 가장 미인이다. 그녀도 천박하고 자기중심적이며 주로 자신의 쾌락에만 관심이 있다. 언니 일라이자가 자신과 에드윈 비어 경의 사랑을 망쳤다고 비난한다. 일라이자처럼 어머니의 죽음에 아무런 감정을 나타내지 않는다. 나중에 돈은 많지만 진부한 사교계 인사와 결혼한다.

베시 리 *Bessie Lee*　게이츠헤드의 하녀로 가끔 제인에게 요정 이야기를 들려주고 노래를 불러주면서 위로한다. 로우드로 제인을 찾아온 그녀는 제인의 학식과 숙녀다운 행동에 깊은 인상을 받는다. 리드 집안의 마부 로버트 레이븐과 결혼해 세 자녀를 갖는다.

로이드 씨 *Mr. Lloyd*　제인이 붉은 방에 감금되어 무서운 경험을 한 뒤 그녀를 학교로 보내도록 제안하는 마을 약제사. 템플 선생에게 편지를 보내 리드 부인이 제인을 거짓말쟁이라고 한 누명을 벗겨준다.

브로클허스트 씨 *Mr. Brocklehurst* 로우드 자선학교의 인색하고 심술궂은 관리인. 아내와 딸들은 사치스럽게 살아가게 하면서도, 학생들에게는 초라한 식사를 제공하는 위선적인 인물. 브로클브리지 교회의 목사이기도 한 그는 동정심이나 따뜻함이 전혀 없는 부정적인 기독교 신앙의 표상이다.

헬렌 번스 *Helen Burns* 로우드 학교에서 만난 제인의 지적인 친구. 그녀는 스캐처드 선생으로부터 부당하게 처벌받아도, 템플 선생과의 우정을 통해 마음의 평화를 지켜간다. 제인은 헬렌으로부터 용서와 마음의 평화를 배우지만, 물질세계를 거부하는 태도는 받아들일 수 없다. 제인은 그녀의 높은 학식에 자극받아 더욱 열심히 공부한다. 헬렌은 제인의 팔에 안겨 죽어가면서, 하늘나라에서의 평화와 제인과의 궁극적인 재회를 고대한다.

마리아 템플 *Maria Temple* 로우드 학교의 다정한 여자 교장선생님. 어느 날 학생들의 아침식사가 도저히 먹기 어려운 것으로 드러나자, 치즈 바른 빵을 먹을 수 있게 배려한다. 훌륭한 학자이자 숙녀다운 행동의 본보기인 그녀는 제인에게 긍정적인 역할 모델이 된다. 템플 선생은 제인과 헬렌을 잘 보살펴주면서 자기 방에서 과일 씨가 박힌 케이크를 주고, 헬렌이 죽어갈 때 따뜻한 자기 침대에서 요양하도록 한다.

밀러 선생 *Miss Miller* 로우드의 가장 어린 학생들을 담당하는 선생님. 제인이 학교에 온 첫날 밤 그녀를 환영해 준다.

스캐처드 선생 *Miss Scatcherd* 로우드의 역사와 문법 선생님. 헬렌 번스에게 줄곧 창피를 주고 벌을 준다.

스미스 선생 *Miss Smith* 로우드에서 바느질을 가르친다.

피에로 선생 *Madame Pierrot* 프랑스 릴 출신의 호감 가는 프랑스어 선생.

그라이스 선생님 *Miss Gryce* 제인의 동료 교사이자 룸메이트.

앨리스 페어팩스 부인 *Mrs. Alice Fairfax* 손필드의 가정부. 제인은 처음에 그녀를 손필드의 여주인으로 생각한다. 손필드를 찾아온 제인을 다정하게 맞아주며, 그녀가 게이츠헤드의 리드 가족에게서 받은 냉담한 대우와는 대조적인 친절을 보여준다. 그러나 페어팩스 부인은 제인과 로체스터의 결혼에 찬성하지 않는다. 두 사람의 나이와 사회 계급적 차이 때문이다. 제인이 사라진 후, 페어팩스 부인이 손필드를 떠날 때, 로체스터는 넉넉한 연금을 제공한다.

블랑슈 잉그램 *Blanche Ingram* 로체스터가 사랑하는 척하는 아름답고 대담한 사교계 여성. 가정교사의 무능함에 대한 그녀의 논평은 빅토리아 시대 부유한 가정에서 일하는 대부분의 가정교사들이 직면하는 무례함을 반영한다. 로체스터의 인품보다는 돈에 더 관심이 많은 물질만능주의적 여성.

아델르 바렝 *Adele Varens* 제인의 제자. 아델르의 이국적인 모습을 통해 제인의 민족적인 편견을 보여준다. 아델르는 처음에 (제인의 생각으로는) 프랑스적 특성인 관능성, 물질주의, 자기중심주의를 보여준다. 그러나 확고한 영국식 교육으로 이런 부정적인 특성이 사라지고 제인의 상냥하고 유쾌한 친구가 된다.

셀린느 바렝 *Celine Varens* 한때 로체스터의 정부였던 파리의 오페라 가수. 실제로는 로체스터를 멸시하면서도 돈 때문에 그를 이용했다. 로체스터는 그녀가 다른 애인과 주고받는 대화를 엿듣게 되면서 진심을 알게 되고, 즉각 관계를 청산한다. 그녀는 결국 딸 아델르를 버리고 한 음악가와 이탈리아로 달아난다. 아델르를 로체스터의 딸이라고 주장하지만, 로체스터는 부인한다. 천박함, 관능, 물질주의는 그녀를 또 다른 부정적 여성상으로 만든다.

버사 앙뜨와네트 메이슨 로체스터 *Bertha Antoinetta Mason Rochester* 로체스터의 아내로 다락방에 갇혀 있는 미친 여자. 자메이카의 스패니시 타운 출신의 버사는 양가 부친들의 주선으로 로체스터와 약혼한다. 아버지들이 자신들의 부(富)를 더 공고히 하기 위해 아들과 딸을 정략결혼시킨 것. 아름답고 당당한 그녀는 흥청망청 즐기는 퇴폐적인 삶을 살다가 결혼 직후 실성한다. 버사의 어머니도 미친 여자였으며, 버사의 문제가 유전인 것으로 암시하고 있다. 로체스터는 아버지와 형이 사망한 후 버사를 데리고 영국으로 귀국해 그녀를 손필드 3층에 유폐시킨다. 그녀는 가끔 감금 상태에서 벗어나 폭력을 휘두르고, 결국에는 손필드에 방화해 저택을 불태워버린다. 그녀는 바람직하지 않은 외국적 특성의 본보기가 된다.

리처드(딕) 메이슨 *Richard(Dick) Mason* 버사의 오빠로 마음이 약한 사람. 손필드에서 혼자 버사의 방을 찾아갔다가 그녀의 공격을 받아 물리고 칼에 찔리는 부상을 입는다. 그는 제인이 로체스터와 결혼하게 된 것을 알고서, 그의 중혼(重婚)을 막기 위해 영국으로 온다.

그레이스 풀 *Grace Poole* 손필드 저택에서 버사의 간병인으로 일하는 침모. 진을 즐겨 마신다. 그녀가 술에 취해서 깜박하는 사이에 버사가 빠져나와 여러 가지 소동을 일으킨다. 처음에는 손필드에서 버사가 저지른 모든 난동이 그레이스의 소행으로 여겨진다.

마더 번치스 *Mother Bunches* 로체스터가 손필드에서 파티중에 집시 점쟁이로 가장할 때 쓴 가명.

해너 *Hannah* 리버스 가족의 늙은 하녀. 처음에는 제인이 무어 하우스에 들어오지 못하게 막는다. 제인이 그녀에게 계급적인 편견을 나무라지만 나중에 두 사람은 친구가 된다.

신진 리버스 *St. John Rivers* 제인의 고종사촌 오빠. 냉정하고 독재적이며 지나치게 열성적이다. 작은 고장인 모턴의 목사로 있는 것을 불행하게 생각하며, 권력을 얻고 야심을 충족시키기 위해 선교사가 되기를 희망하고 있다. 신진은 제인에게 결혼해서 함께 인도로 가자고 강요한다. 그는 기독교적 가치관을 식민지 원주민들에게 강요함으로써 영국 식민주의를 확대하는 데 여생을 바친다.

다이애너와 메리 리버스 *Diana and Mary Rivers* 신진의 누이동생이자 제인의 고종사촌 언니들. 교양 있고 인정 많고 지성적이며, 가정교사로 일하는 두 여인은 가정교육을 잘 받은 여성이 부자 고용주 가족으로부터 어떻게 멸시받는지를 보여준다. 신진이 청혼한 이후에 다이애너가 제인을 지지해 줌으로써 나중에 그가 강압적으로 나올 때, 제인이 흔들리지 않게 돕는다.

로자먼드 올리버 *Rosamond Oliver* 모턴의 한 부잣집 딸로 아름답고 매력적인 여인이다. 모턴 여자학교의 재정 후원자이기도 하다. 신진을 사랑하는 것 같지만, 그가 인도로 떠나기 전에 그랜비 씨와 약혼한다. 신진은 그녀에게 육체적 매력을 느끼지만, 가볍고 천박한 인격 때문에 선교사의 아내로는 부족하다고 깨닫는다.

올리버 씨 *Mr. Oliver* 로자먼드의 아버지로 모턴 유일의 부자. 리버스 집안은 이 고장에서 가장 오래되고 존경받는 가문이지만, 올리버 집안은 '신흥 부자'다. 그는 신진의 재능을 발견하고 딸의 배필로 적당하다고 생각하지만, 선교사가 되면 그의 지성이 사장될 것으로 믿는다.

브리그스 씨 *Mr. Briggs* 존 에어의 변호사. 로체스터가 제인과 중혼하려는 것을 막는다. 존 에어가 사망한 후 상속자가 된 제인을 찾는다.

존 에어 *John Eyre* 제인과 리버스 남매의 숙부. 마데이라에서 포도주 거래상으로 큰돈을 번다. 제인을 양딸로 입양할 계획이었지만, 그녀를 만나기 전에 사망하며 2만 파운드의 유산을 남긴다. 그는 형제인 리버스 씨와 재산 문제로 사이가 틀어졌기 때문에 리버스 씨 자녀들에게는 유산을 남기지 않는다.

앨리스 우드 *Alice Wood* 로자먼드 올리버가 여학교 일을 시키기 위해 고용한 고아 소녀. 모턴에서 제인의 조수로 일한다.

늙은 하인들 손필드가 화재로 잿더미가 된 뒤 펀딘에서 로체스터를 돌봐주는 사람들.

등장인물 관계도

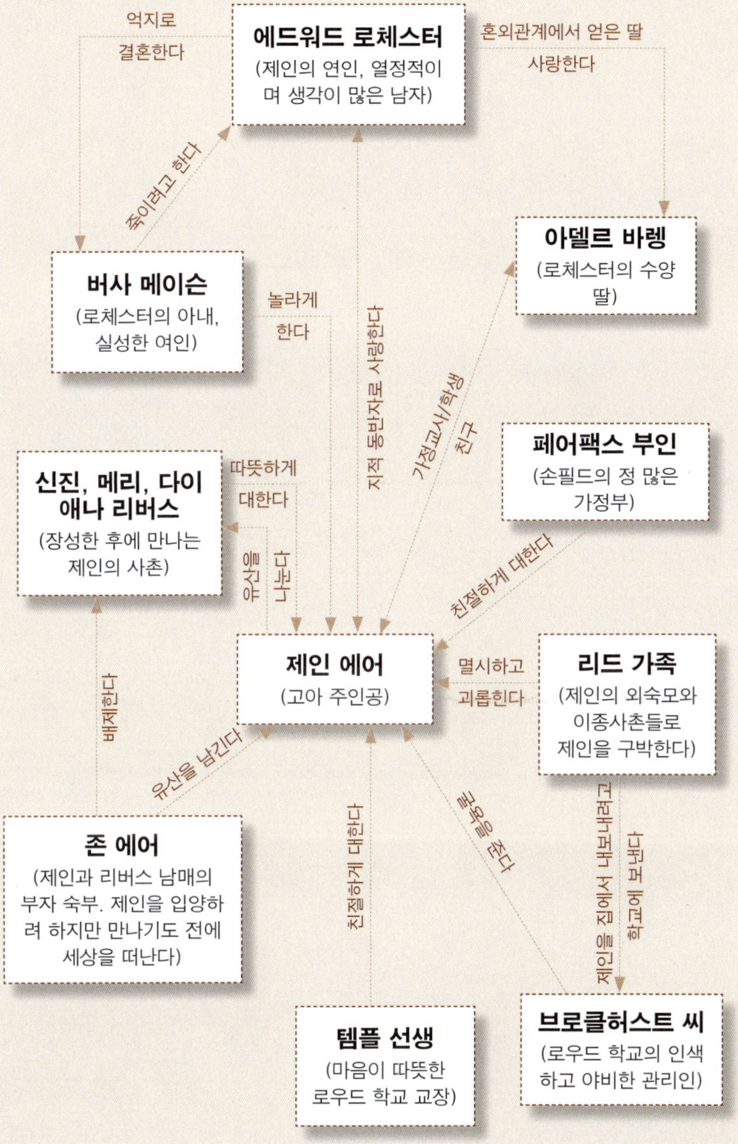
에드워드 로체스터
(제인의 연인, 열정적이며 생각이 많은 남자)
억지로 결혼한다
혼외관계에서 얻은 딸 사랑한다
아델르 바렝
(로체스터의 수양딸)
죽이려고 한다
버사 메이슨
(로체스터의 아내, 실성한 여인)
놀라게 한다
지적 동반자로 사랑한다
가정교사/학생 친구
페어팩스 부인
(손필드의 정 많은 가정부)
신진, 메리, 다이애나 리버스
(장성한 후에 만나는 제인의 사촌)
따뜻하게 대한다
유산을 나눈다
친절하게 대한다
제인 에어
(고아 주인공)
멸시하고 괴롭힌다
리드 가족
(제인의 외숙모와 이종사촌들로 제인을 구박한다)
배제한다
유산을 남긴다
친절하게 대한다
굴욕을 준다
제인을 집에서 내보내려고 학교에 보낸다
존 에어
(제인과 리버스 남매의 부자 숙부. 제인을 입양하려 하지만 만나기도 전에 세상을 떠난다)
템플 선생
(마음이 따뜻한 로우드 학교 교장)
브로클허스트 씨
(로우드 학교의 인색하고 야비한 관리인)

Chapter 별
정리
노트

Chapter 1

찬밥신세 제인

제인 에어의 친척인 리드 가의 저택 게이츠헤드. 11월의 어느 차갑고 축축한 오후에 제인과 리드 집안의 아이들 일라이자, 존, 조지애너가 응접실에 앉아 있다. 제인의 외숙모 리드 부인은 제인 때문에 화가 나서 의식적으로 그녀를 따돌리고 싶어한다. 그래서 제인은 외딴 창가 자리에 혼자 앉아 비윅의 〈영국 조류사(鳥類史)〉를 읽고 있다.

제인이 조용히 독서를 하고 있는데 외사촌 오빠 존이 그녀를 집적대면서 집안에서 그녀의 불안한 위치를 상기시킨다. 리드 부인의 고아 조카인 제인은 자기들 같은 양가집 아이들과 함께 살 자격이 없다는 것이다. 존이 제인에게 책을 집어던지자, 그녀는 그를 '살인자', '노예 감독'이라며 대든다. 두 아이는 싸움을 벌이게 되고, 그 다툼이 제인 탓이라는 꾸지람을 듣는다. 제인은 벌로 무서운 '붉은 방'에 감금된다.

첫 장은 두 가지 중요한 주제를 제시한다. 계급적 갈등과 성차별이 그것이다. 친척 집에 얹혀사는 가난한 고아 제인은 리드 가족들로부터 소외감을 느낀다. 그들은 제인

이 편안하도록 어떤 배려도 해주지 않는다. 존은 제인에게 "네가 뭣 때문에 우리 책을 마구 꺼내 가는 거야. 넌 군식구래… 엄마가 그러는데 넌 돈도 한 푼 없고, 네 아버지가 물려준 것도 없단 말이야. 사실 너는 비럭질을 할 처지야. 우리 같은 양가집 아이들과 함께 살 처지가 못 돼. 똑같이 식사하고, 또 우리 엄마 돈으로 옷을 사 입을 처지가 아니라구" 하고 말한다. 존은 상류층 계급의 권리를 주장하는데, 이는 제인의 가족이 낮은 계급임을 의미한다. 그녀는 상류 계급과 하류 계급의 중간에 위치한 것처럼 보인다. 그녀는 존을 '살인자', '노예 감독', '로마 황제 같은 폭군'이라며 지배 계급의 속성인 부패를 암시한다. 그러한 신분 차이는 신체적 차이로 옮아가고, 제인은 리드 집안 아이들에게 신체적으로도 열등감을 느낀다.

제인과 존의 싸움은 또한 이 소설 속에 잠재된 성별(性

別) 갈등을 시사한다. 그녀는 계급적 신분 때문에 불리할 뿐만 아니라, 여성이라는 위치 때문에 취약하다. 존은 지나치게 버르장머리 없이 자란 외동아들로 제인의 표현을 빌리면, '건전치 못하고' '멍청한' 아이이고, 습관적으로 게걸스럽게 먹어댄다. 제인의 마르고 수수한 외모와는 대조적으로 존은 무절제한 모습이다. 끼니때마다 포식을 하고, 걸핏하면 골을 내기 일쑤이고, 언제나 제인을 골탕 먹이고 괴롭힌다. 제인의 목표 가운데 하나는 외숙모의 폭거와 외사촌 오빠의 지배에서 벗어나 자신의 개인적 위치를 확보하는 것이다. 제인은 존과 외숙모가 괴롭히면, 맞서 싸움으로써 자기와 같은 처지에 있는 여자들에게 기대되던 순종을 거부한다.

문학적 장치 제인이 〈영국 조류사〉를 읽으면서 앉아 있는 상황은 주요한 상징을 제공한다. 고립된 창문 옆 자리의 붉은 커튼은 1장의 끝부분에 그녀가 감금당하는 '붉은 방'과 연결된다. 불과 정열을 상징하는 붉은색은 활력을 주지만, 한편 모든 것을 태워서 재로 만들어버린다. 붉은 커튼이 상징하는 힘은 제인이 바라보고 있는 '안개와 구름으로 어슴푸레한' 11월의 을씨년스러운 풍경과는 대조적이다. 제인이 선택한 책도 주요한 상징적 의미를 지닌다. 그녀는 리드 가족 속에서 느끼는 소외감으로부터 벗어나 새들처럼 자유롭게 훨훨 날아가고 싶을 것이다. '외진 바위섬이나 돌출부에 사는 바닷새'의 상황은 제인의 처지와 비슷하다. 바닷새들과 마찬가지로 그녀는 고독하게 살고 있다. '눈과 얼음이 쌓여 있는 곳'이고, '죽음처럼 하얀 지대'인 이 새들의 고향 북극권의 극한적인 기후는 존과 제인의 충돌로 폭발된 불의 이미지와 대비된다.

책은 제인에게는 외숙모 집에서의 불행한 상황에서 탈출할 기회를 마련해 준다. 조류 이야기에 실린 하나하나의 그림은 제인의 예리한 상상력에 불을 지피고 광활한 세계를 꿈꾸게 한다. 그리고 리드 가족의 하녀인 베시가 겨울 저녁이면 가끔 들려주던 이야기들을 생각나게 하며, 부자들의 삶이 실제로 얼마나 썩었는가 하는 것보다는, 얼마나 멋질까 하는 상상을 제공한다. 그냥 평범한 소녀가 아닌 제인은 사랑과 모험을 동경하기도 한다.

Chapters 2, 3

 ‘붉은 방’의 공포

제인은 붉은 방으로 끌려가면서 간수 같은 베시와 애보트 두 하녀에게 저항한다. 하녀들이 그녀를 가둬놓고 간 뒤, 제인은 방을 둘러본다. 그 저택에서는 가장 크고 좋지만, 리드 외삼촌이 거기서 죽었기 때문에 거의 사용하지 않는 방이다.

그녀는 거울을 들여다보면서, 자신의 모습이 이상한 ‘도깨비’ 같다고 비유한다. 사람이 죽어나간 방에 들어와 있다는 기이한 생각이 상상력을 자극해서 미신에 사로잡힌 듯한 느낌에 빠진다. 그리고 왜 자기는 언제나 버림받는 신세인가, 하고 곰곰이 생각해 본다. 제인을 이 집으로 데려온 외삼촌 리드 씨는 임종 때, 아내에게 제인을 친자식처럼 잘 양육하겠다는 약속을 받아냈다. 그러나 이 약속은 지켜지지 않고 있는 게 분명하다.

갑자기 제인은 방 안에 누군가 있다는 느낌이 들면서, 외삼촌이 자신의 마지막 당부를 어긴 아내에게 보복하려고 이승으로 돌아온 것일지도 모른다고 상상한다. 그녀가 겁에 질려 비명을 지르자, 하녀들이 방으로 달려 들어온다. 제인은 무서운 방에서 나가게 해달라고 애원하지만 하녀들이나 리드 부인은 아무런 동정심도 보이지 않는다. 리드 부인은 제인이 겁에 질린 척 가장하고 있다고 생각하고, ‘아주 다소곳하게 조용히 있어야만’ 나오게 해주겠다고 다짐한다. 모두 나가버리자, 제인은 그 자리에서 까무러친다.

제인이 눈을 뜨니 자기 방이다. 웅얼거리는 사람들 소리가 들린다. 아직도 충격에서 벗어나지 못했지만, 누군가가 부드럽게 자기를 돌보고 있는 것을 느낀다. 베시와 약제사 로이드 씨가 침대 옆에 근심스럽게 서 있는 것을 알아차린 그녀는 안도한다. 베시는 제인에게 친절하게 대하고, 심지어 다른 하녀에게 리드 부인이 제인에게 너무 심하게 군다는 말도 한다. 그녀는 제인에게 노래를 불러준다.

로이드 씨는 제인과 이야기를 나눈 뒤, 리드 부인에게 제인을 학교로 보내라고 권유한다. 제인은 게이츠헤드를 떠나서 새로운 삶을 시작한다는 생각에 마음이 들뜬다. 하녀 애보트와 베시가 주고받는 말을 엿들은 제인은 아버지가 가난한 목사였고, 어머니의 부모가 반대하는데도 불구하고 결혼했다는 사실을 알게 된다. 그 결과 제인의 외할아버지는 딸에게 재산을 상속하지 않았다. 결혼한 지 1년 후 제인의 아버지는 가난한 사람들을 심방하러 갔다가 발진티푸스에 전염되었고, 곧 부모가 한 달 사이에 세상을 떠나면서 제인은 고아가 되었던 것이다.

제인은 자기를 끌고 가는 하녀들에게 '반란을 일으킨 노예'처럼 저항하면서, 앞 장에서 시작된 탄압받는 이미지를 계속 보여준다. 애보트가 제인에게 '어린 주인 도련님' 존을 때리면 못쓴다고 타이르자, 제인은 즉각 애보트가 쓰는 표현에 의문을 제기한다. 존이 정말 주인이라면, 자기는 존의 하인이라는 건가? 여기서 다시 리드 가족 안에서의 제인의 위치,

특히 그녀의 계급적 정체성의 문제가 제기된다. 로이드 씨가 제인에게 아버지 쪽 친척이 있느냐고 묻자, 제인은 "에어란 성을 가진 가난하고 지체가 낮은 친척들이 혹시 있을지도 모른다"고 대답한다. 로이드 씨가 제인에게 그들과 사는 게 더 좋겠느냐고 묻자, 이내 가난한 사람들의 '남루한 옷차림과 넉넉지 못한 음식, 불을 피우지 못한 난로와 품위 없이 천박한 태도'를 떠올린다. 본질적으로 제인은 가난한 사람들이 부자보다 도덕적으로 열등하다는 리드 부인과 같은 생각을 하고 있음을 드러내면서, '사회적 신분을 버리고 자유를 얻을 용기가 나지 않았다'고 시인한다. 제인은 이상적인 생활의 조건을 그리고 있는데, 가난은 결코 받아들일 수 없었다고 회고한다. 로이드 씨가 또 다른 선택으로 학교에는 다니고 싶으냐고 묻자, 학교라면, 그림과 노래와 프랑스어를 배울 수 있는 고무적인 곳으로 생각한다. 교육은 그녀에게 사회적 지위를 향상시킬 수 있는 가능성을 제공할 것으로 보고, 신분 상승의 기회와 함께 자유를 허용해 줄지도 모른다고 생각한다. 제인의 가족적 배경을 통해, 그녀가 외숙모가 말하는 이른바 '거지패거리' 출신은 아니라는 사실이 밝혀진다. 그녀의 아버지는 목사로서 빅토리아 시대에 일반적으로 인정되는 신사 신분까지 가지고 있었다. 이 장은 제인이 계급적 지위에 대해 알게 되는 것으로 끝을 맺는다.

그러나 제인의 지위에 관련해서 애보트는 그녀를 '밉상

스러운 꼬마'라고 말한다. 이 말은 독자들에게 가부장적인 문화에서는 여자가 예쁘게 보이는 것이 계급과 마찬가지로 여성의 지위를 결정해 주는 한 요소가 된다는 것을 일깨워준다. 베시와 애보트는 만약 제인이 외사촌 조지애너만큼 '그린 듯이' 예뻤더라면, 어려운 처지라도 더 동정을 살 것이라고 말한다. 이 소설은 여성적 아름다움만을 지니고 지적·정신적 소양을 갖추지 못한 밀랍인형 같은 여성들에 대해 특히 비판적이다. 브론테의 목표 가운데 하나는 평범하면서도 감동을 줄 수 있는 여주인공을 창조하는 것이다. 소심하고 가난하며 평범한 제인은 자신을 '쓸모없는 존재'라고 판단하고 있다. 따라서 자신의 '쓸모'를 찾아내야 하며, 특히 계급과 미모의 영역 밖에서 그 '쓸모'를 찾아야만 하는 것이다.

색깔 역시 중요한 상징적인 요소로써, 바뀌는 장면의 분위기를 전달하고 등장인물의 심적 변화를 들여다보게 해준다. 1장에서 제인은 붉은 커튼에 가려져 있다. 그런데 여기서는 붉은 방에 갇힌다. 3장은 눈앞에 나타난 '무시무시한 붉은빛에 두껍고 새까만 줄이 옆으로 나 있는' 악몽의 기억으로 시작된다. 제인에게 붉은색은 무시무시한 악몽의 색깔이 되고, 그 악몽 속에서 빠져나갈 수 없는 검은 쇠창살 뒤에 감금된다. 하지만 이런 부정적인 의미는 곧 사라져버린다. 제인은 그 붉은색이 자기 방 난롯불의 번쩍임일 뿐임을 깨닫기 때문이다. 악마와 지옥 불의 표상이던 붉은 색깔이 따뜻함을 주는 훈기로 바뀐 것이다. 따라서 이 소설에서 상징과 색채들의 의미는 고정되어 있지 않고, 자주 변화하면서 제인의 정서적·사회적인 상태를 반영한다. 피부색 역시 중요하다. 존은 자기 어머니가 거무스레한 피부를 가졌다고 비방한다. 이 소설은 '검은 것'을 마음에 들지 않는 '이국적인 것'과 연결 짓고, '밝은 것'을 영국적인 '순결함'과 연결시키는 민족우월사상을 지지하는 듯이 보인다.

이 장에서는 제인의 성격 형성도 이루어지고 있다. 그녀는 붉은 방의 거울에 비치는 모습을 응시하면서, 자신을 베시가 잠자리에서 들려준 이야기에 나오는 '반은 요정이고 반은 마귀인 그런 도깨비 같다'고 묘사한다. 고비가 뒤덮인 적막한 황야의 골짜기에서 '밤길을 가는 길손'의 눈앞에 나타난다는 그 도깨비. 제인과 요정의 연결은 이 소설에서 여러 차례 반복된다. 제인은 자신을 요정 같은 특별한 마법적인 존재와 동일시한다. 그녀는 정의(定義)하기 어렵고 신비한 존재일 뿐만 아니라, 그녀가 풀어가는 이야기는 현실과 환상의 경계를 넘나든다. 우리는 이 장에서 초현실적인 현상이 처음 등장하는 것을 보게 된다. 제인이 두려움에 떨며 붉은 방에 혼자 앉아 있을 때, 벽 위로 한 줄기 빛이 번쩍이는 것을 보고 그것이 '저승에서 오는 망령의 전조'라고 생각한다. 이 소설은 제인이 초자연적인 힘을 가지고 있음을 암시한다. 그녀는 자주 유령을 보고 예언적인 꿈도 꾼다. 이와 같은 유령의 출현은 제인이 살면서 겪게 되는 수많은 극적 변화를 예고한다.

제인의 기분을 전환시키기 위해 베시는 제인이 좋아하는 노래를 부르다가, 슬픈 노래이기 때문에 다른 민요로 바꾼다. 이 노래는 〈걸리버 여행기〉처럼 고독한 길손의 이야기를 담고 있다. 여기에 등장하는 사람은 험한 산과 쓸쓸한 황혼 속으로 먼 길을 방황하는 '가엾은 고아'다. 앞의 장에서 제인이 무엇 때문에 이런 괴로움을 겪어야 하는가, 하고 생각하듯이, 노래 속의 고아 소년도 "어찌 나 홀로 멀리 가야만 하는가?" 하며 자신의 처지를 궁금해 한다. 이 고아 소년의 유일한 희망은 천국에 있다. 그곳에서는 하느님이 자비를 베풀고, 보호해 줄 것이기 때문이다. 베시는 제인에게 이 세상의 문제들을 걱정하기보다는 차라리 천국에서 위안을 찾는 마음의 여행자가 되어야 한다고 묵시적으로 일러준다. 하지만 제인은 이 세상에서의 행복을 동경하기 때문에, 그 민요가 별로 마음에 들지 않는다. 종교적인 사람들과 제인의 접촉, 그리고 영혼의 구원에 대한 종교인들의 약속은 계속 되풀이된다. 우리는 천국에 마음을 집중하기 위해 이 세상을 포기해야 하는가? 제인은 인간이 하느님 나라에만 마음을 쓰느라고 이 세상에서 얻을 수 있는 즐거움을 포기해야 한다는 것을 믿지 않는다.

이 부분의 이야기 전개 방식은 제인이 더 나이가 들어서 성숙해진 뒤, 어린 시절의 경험을 회고하는 형식을 취하고 있다. 예를 들면, 나이 든 제인이 자주 끼어들어 자신의 감정을 설명하거나 사과하는 경우를 볼 수 있다. "그래요, 리드 부인. 저는 외숙모 덕분에 끔찍스러운 정신적 고통의 진수를 맛보았어요. 하지만 저는 외숙모를 용서해야 해요. 왜냐하면 외숙모의 소행을 외숙모 자신도 몰랐기 때문이죠."

이 나이 든 내레이터는 어린이들은 흔히 자신의 감정을 말로 표현하기 어렵다고 설명한다. 따라서 제인에게 왜 리드 집안에서 불행하냐고 묻는 로이드 씨의 질문에 제인의 대답이 빈약하다고 놀랄 필요는 없다. 이 나이 든 내레이터는 제인에 대한 동정심을 깊게 하고, 제인의 동기를 보다 깊이 통찰하도록 해준다.

Chapter 4

"난 거짓말쟁이가 아니에요"

　　로이드 씨와 대화를 나눈 제인은 곧 멀리 있는 학교로 보내질 것을 예상한다. 그러나 붉은 방에서의 경험에 뒤이어 일어난 신분상의 유일한 변화라면 리드 집안 아이들과의 경계가 더욱 확고해진 것뿐이다. 변화를 고대한 지 3개월 뒤인 1월 15일, 제인은 마침내 가족이 아침식사를 하는 방으로 불려간다. 거기에는 브로클허스트 씨가 제인을 기다리고 있다. 제

인 앞에 검은 기둥처럼 우뚝 선 그는 제인을 면접하면서 지옥, 죄악, 성경에 관해 질문을 던진다. 제인이 "시편(詩篇)은 재미가 없어요" 하고 대답할 때, 그녀의 성품을 나쁘게 보는 리드 부인의 의심이 드러난다. 리드 부인은 제인에 대한 마지막 일격으로 조카가 거짓말쟁이라고 말한다. 브로클허스트는 학교의 다른 구성원들에게 제인이 사기성이 있다는 경고를 하겠노라고 약속한다.

제인은 이 같은 리드 부인의 말에 앙심을 품는다. 두 사람만 남게 되자, 마음의 상처를 입고 분노한 제인은 외숙모에게 대들며 자기는 결코 거짓말쟁이가 아니라고 단호히 말한다. 그리고 이제 리드 부인은 친척도 아니며, 모질고 매정한 사람이라고 덧붙인다. 화풀이를 하고 나니, 후련한 승리감과 환희가 느껴진다. 외숙모는 겁먹은 듯 방에서 나가버린다.

이 장은 제인과 베시의 대화로 끝난다. 제인은 베시로부터 게이츠헤드를 떠날 때까지, 야단치지 않겠다는 약속을 받아낸다. 베시는 리드 집안 아이들보다 제인을 더 좋아한다고 말하면서, 리드 집 사람들이 자주 제인을 구박하는 광경을 자기 어머니도 보았다고 한다고 털어놓는다. 새로 싹튼 우정의 축하로 베시는 제인에게 가장 재미있는 이야기와 달콤한 노래를 들려준다.

4장에서 브로클허스트가 등장함으로써 제인의 일생을 바꿔놓는 변화가 일어난다. 제인은 이 근엄한 사람을 처음 보면서 이렇게 묘사한다. "하나의 검은 기둥! 적어도 처음 내 눈

에 띈 것은 검은 옷을 걸친 호리호리한 것이 양탄자 위에 꼿꼿
이 서 있는 모습이었다. 그 제일 위에 있는 무시무시한 얼굴은
기둥 꼭대기에 기둥머리처럼 올려놓은 조각한 가면 같았다."
목사인 브로클허스트는 기성 종교에 대한 제인의 혐오감을 상
징한다. 꼿꼿하고 검고 호리호리하며, 우뚝 선 기둥 같은 모습
의 이 사람은 신앙에 엄격하고 융통성이 없으며, 모험적인 제
인이 우러러볼 만한 특성을 갖지 않은 것이 분명하다. '조각한
가면' 같은 얼굴은 몰인정함을 암시한다. '무표정한 이방인'이
란 표현도 마찬가지다. 불과 활력으로 연상되는 제인과는 달리,
그는 돌처럼 차갑고 냉담하며 열정이 없고, 동정심마저 별로
찾아볼 수 없는 사람이다. 브로클허스트가 제인을 자기 앞에
똑바로 서게 할 때, 제인은 속으로 "저 커다란 코! 저 입! 그리
고 툭 튀어나온 커다란 이빨!" 하고 놀란다. 그녀의 마음속에
서 그는 요정 이야기 속에 나오는, 순진무구한 어린이를 집어
삼키려는 커다란 나쁜 늑대로 변한다. 독자들은 그가 제인에
게 어떤 위안이나 구원을 주지 못할 것임을 직감한다.

　　제인과 브로클허스트의 관계는 제인이 그가 설파하는
독선적인 신앙에 흥미를 못 느낄 뿐만 아니라, 폭군적인 권위
자를 존경하지 않는다는 것을 암시한다. 부당한 대우를 받아
들이지 못하는 제인의 성격은 리드 부인과의 관계에서도 드
러난다. 외숙모가 브로클허스트에게 제인의 가장 나쁜 결점은
'남을 속이는 기질'이라고 말할 때, 제인은 그 자리에서는 자

신의 힘이 부족하다는 것을 깨닫는다. 불쌍한 어린아이가 부당한 비난으로부터 어떻게 자신을 방어할 수 있겠는가? 그러나 브로클허스트가 떠난 뒤, '원한의 절정'에 이른 제인의 감정은 '차갑게' 자기를 바라보는 리드 부인의 '얼음 같은 눈'과 대비를 이룬다. 실제로 리드 부인의 냉정함에 격분한 제인은 '억제할 수 없는 흥분으로 온몸을 부들부들 떤다'. 그녀의 마음은 마치 '언덕에 덮인 관목에 불이 붙어 살아 있듯이 활활 타오르며 모든 걸 집어삼키는 것' 같았다. 그녀는 외숙모에게 분노를 폭발시킨 뒤, 자유와 승리감을 맛본다. 자신을 '전쟁터의 승리자'라고 생각하면서 '승자의 고독'을 만끽하는 것이다.

　　　제인의 적들의 운명에 충격을 받은 많은 비평가들은 이 소설을 제인의 복수 환상극이라고 보기도 한다. 이야기가 전개되면서, 제인을 괴롭힌 사람들이 모두 불행과 불운을 만나는 점을 눈여겨볼 필요가 있다. 제인은 불같은 열정을 차츰 변화시켜 열정과 이성(理性)을 조화시키는 법을 배워간다. 4장에서는 제인의 열정이 이내 가라앉고 '쇠붙이 맛이 나고 입 안이 얼얼한' 뒷맛을 느끼면서 감정 과잉이 행복으로 이어지지 않음을 보여준다. 하지만 분노를 폭발시킨 일은 한 가지 긍정적인 결과를 가져다준다. 그로 인해 베시와 가까워지는 것이다. 이 장 끝부분에 나오는 두 사람의 대화는 제인에 대한 베시의 동정심, 심지어 애정까지도 보여준다.

Chapter 5

 로우드 자선학교로

제인이 게이츠헤드를 떠나는 1월 19일이 밝는다. 그녀는 새벽 6시 역마차를 타기 위해 5시에 일어난다. 제인을 전송해 주는 가족은 아무도 없지만, 그녀는 행복하게 리드 집을 떠나 여행길에 오른다. 마부의 아내는 리드 부인이 이런 어린아이를 혼자 여행하게 하는 데 놀란다. 제인의 공상적인 기질이 또 한 번 드러난다. 식사를 하려고 마차가 멈춰 섰을 때, 그녀는 유괴범들이 자기를 여관에서 납치해 갈까봐 걱정한다.

제인이 로우드에 도착한 날은 비바람이 불고 어둡다. 제인은 로우드 학교의 낯선 미로 같은 복도를 지나 80여 명의 학생들이 앉아서 숙제를 하고 있는 큰 방으로 안내된다. 곧 취침 시간이 온다. 제인은 피로를 느끼며 잠자리에 든다. 다음날 학교의 일과에 따라 이른 새벽부터 저녁 다섯 시까지 공부한다. 그녀는 템플 선생님은 친절하고, 스캐처드 선생님은 불합리하게 헬렌 번스에게 벌을 주는 것을 알게 된다. 하루의 대부분을 홀로 외롭게 보내는 동안, 제인은 헬렌과 대화를 나누게 된다. 헬렌은 로우드 학교가 여자 어린이 고아들을 위한 자선기관이라고 말해 준다. 제인은 또한 자기가 하는 일을 템플 선생님이 브로클허스트한테 보고한다는 것도 알게 된다.

　제인은 자기를 인식해 가는 여행에서 이제 게이츠헤드로부터 로우드로 간다. 샬럿 브론테와 언니 마리아, 엘리자베스, 여동생 에밀리가 다녔던 학교를 모델로 한 로우드 자선학교는 그다지 매력적이지 않다. 일과는 동트기 전에 시작되고, 학생들은 타거나 맛없는 초라한 식사를 제공받는다. 학교를 둘러싼 환경은 을씨년스럽고 황폐하다. 이 장은 빅토리아 시대 자선학교 생활의 척박한 현실을 보여준다.

　그리고 독자들에게 로우드의 궁핍함 이외에 제인의 발전에 중요한 영향을 미치는 두 여자를 소개한다. 템플 선생과 헬렌 번스가 그들이다. 템플이란 이름은 용모가 그렇듯이 로우드의 교장인 그녀를 우러러보게 될 제인의 감정을 나타낸다. 그녀는 훤칠하고 피부가 희고, '자애로운 빛'이 나는 눈과 '당당한 자태'를 지녔다. 템플 선생의 자태가 브로클허스트의 냉정하고 피부가 검고 근엄한 모습과 대비되는 것을 주목하자. 템플 선생은 브로클허스트에게서 찾아볼 수 없는 동정심을 발휘해 아침에 탄 죽을 먹은 학생들에게 점심 식사로 치즈 바른 빵을 제공한다.

　또 한 사람 헬렌 번스라는 이름은 무엇을 나타내는가? 그녀는 천국에 대한 열정으로 '불타고' 있으며, 폐결핵으로 죽게 될 운명이다. 번스는 샬럿 브론테의 맏언니로 학교에서 폐결핵에 걸려 열두 살의 나이에 죽은 마리아를 모델로 하고 있다. 샬럿의 둘째 언니 엘리자베스도 비위생적이고 습기 찬 학교에서 얻은 같은 병으로 세상을 떠났다. 샬럿과 동생 에밀리는 다음해 겨울이 오기 전에, 건강상의 문제로 자퇴했다. 헬렌 번스와 마찬가지로 마리아는 생각이 조숙했던 것으로 알려져 있다. 아버지 브론테 목사는 마리아와 '당대의 중요한 어떤 화제에 대해서도 자유롭게 대화할 수 있었다"고 말했다.

　　제인이 처음 헬렌을 눈여겨볼 때, 그녀는 새뮤얼 존슨*의 교훈적인 〈라셀러스 *Rasselas*〉를 읽고 있다. 행복은 때로 얻을 수 없는 경우도 있다고 역설하는 수필이다. 제인도 독서를 좋아하지만, 헬렌이 읽는 책에는 요정과 정령(精靈)들이 나오지 않아 별 흥미를 느끼지 못한다. 제인처럼 헬렌도 가난하고 외로운 아이이지만 자기 문제를 처리하는 방식은 스캐처드 선생과의 관계에서 분명히 드러나듯 제인과는 대조적이다. 스캐처드 선생에게 부당하게 벌을 받으면서도, 헬렌은 울지도 창피스러워하지도 않고 태연하고 꿋꿋하게 받아들인다. 제인은 헬렌의 이런 모습을, '자신의 처벌을 넘어선 그 무엇을 생각하고 있는 듯하다'며 눈여겨보고, 헬렌의 눈길이 '안으로 향해 자신의 가슴속으로 들어가 있는 것 같다'고 말함으로써, 그녀가 물

---

* **새뮤얼 존슨**(Samuel Johnson. 1709-84): 영국 시인이자 평론가. 17세기 이후의 영국 시인 52명의 전기와 작품론을 정리한 10권의 〈영국시인전〉이 유명하다.

질적인 문제보다 정신적인 데 마음을 쏟고 있다는 것을 강조
한다. 제인은 헬렌의 침착성에 매료된다. 이런 침착성은 제인
에게는 생소한 인간적인 깊이를 시사한다. 이 단계에서 제인
은 헬렌이 착한 사람인지 나쁜 사람인지 판단할 방법을 알지
못하고 있다.

Chapters 6, 7

'거짓말쟁이'라는 낙인

로우드에서의 둘째 날, 아침을 먹으려고 일어난 소녀들은 주전자의 물이 얼어붙은 것을 발견한다. 제인은 전날엔 로우드의 구경꾼일 뿐었으나, 이제는 한 사람의 배우가 되어 학교에서 일어나는 모든 일에 참여한다. 제인은 바느질을 배우고 있다가, 헬렌 번스가 또 스캐처드 선생에게 부당하게 대우받는 일을 목격한다. 스캐처드는 흉하게 턱을 내민다거나, 고개를 들고 있지 않는다거나 하는, 사소한 트집을 잡아 그녀를 괴롭힌다. 스캐처드의 비난에도 불구하고, 헬렌 번스는 반에서 가장 똑똑한 학생 가운데 하나다. 그녀는 어려운 질문에도 답을 알고 있다.

그날 저녁 늦게 제인은 다시 한 번 헬렌과 이야기를 주고받는다. 그녀는 헬렌의 인생철학과 인내의 교리에 관해 더 많이 알게 된다. 헬렌은 공부 시간에 주의를 기울이는 것 같은 제인의 장점을 칭찬한다. 헬렌 자신은 부주의하고 집중을 잘 못하며 노섬벌랜드 디프덴에 있는 집에 관한 공상레 빠져들어 고통스럽다고 한다. 제인은 헬렌이 부당함에 맞서 싸워야 한다고 생각하지만, 헬렌은 원수를 사랑함으로써 예수 그리스도의 모범을 따르라고 말한다.

로우드에서의 3개월이 지나간다. 7장은 이 학교에서 보낸 첫 3개월에 대한 제인의 전반적인 인상을 기록하고 있다. 그녀는 다시 로우드에서의 가혹한 생활에 눈길을 돌린다. 혹심한 추위, 굶주림, 교회 교리문답서

를 암기하며 보내는 긴 시간, 장황한 설교 등이 그것이다. 제인에게는 다행스럽게도 브로클허스트 씨가 이 동안 학교에 나오지 않았다. 그런데 마침내 그가 학교에 나타나고, 제인은 걱정이 된다. 리드 부인이 브로클허스트에게 제인이 남을 속인다고 한 말과 그가 교사들에게 제인의 불미스러운 성향에 관해 미리 경고해 두겠다고 한 약속을 기억하기 때문이다.

브로클허스트가 학교를 방문하는 동안, 제인이 우연히 석판을 떨어뜨려 깨뜨린다. 브로클허스트는 곧바로 그녀를 조심성 없는 학생이라고 낙인찍는다. 템플 선생이 제인에게 처벌을 걱정하지 말라고 하는데도, 그녀는 곧 학교의 바보가 된다. 브로클허스트는 제인을 걸상 위에 세워 놓고, 전교생과 선생님들에게 거짓말쟁이라고 선언한다. 그날의 남은 시간 내내 아무도 그녀에게 말을 걸지 않지만 헬렌은 제인이 벌을 서고 있는 걸상 옆을 지날 때마다 미소를 지으면서 친구를 성원한다.

제인과 헬렌의 인생철학의 주요한 차이가 이 장에서 명백히 드러난다. 제인은 언제나 적들에 맞서 싸울 용의를 갖추고 있는 데 반해서, 헬렌은 끈기 있게 인내하는 원칙을 실천한다. 헬렌은 모든 처벌을 눈물 한 방울 흘리지 않고 받아들이지만 제인은 친구가 괴로움을 당하는 광경을 보기만 해도, '헛되고 무력한 노여움'에 온몸을 떤다. 헬렌이 참는 이유는 무엇일까? 첫째, 그녀는 그릇된 행동으로 가족들에게 누를 끼쳐 슬프게 만들기를 원치 않는다. 그리고 모든 사람은 운명이 정해진 대로 인내할 필요가 있다고 생각한다. 인간의 일생은 선택이 아니라 숙명에 의해 인도된다는 믿음은 그녀가 칼뱅주의를 신봉하고 있음을 말해 준다. 개신교 종교개혁 운동의 지도자인 스위스 신학자 칼뱅에 의해 창설된 칼뱅교파는 엄격한 도

덕규범을 따르며 하느님의 은총에 의해 선택된 소수가 구원을
받게 된다고 믿는다.

　　제인은 헬렌이 어떤 깊은 정신적 진리에 접하고 있다고
생각하지만, '인내의 교리'나 자기에게 고통을 주는 사람들에
대한 동정심은 이해할 수 없다. 헬렌과는 달리, 제인은 착하
게 대하는 사람들에게 착해야 한다고 믿는다. 이유 없이 맞으
면, 희생자는 공격자에게 교훈을 주기 위해 '매우 세게 반격할'
필요가 있다. 독자들이 리드 외숙모와 제인의 마지막 대화에
서 보듯이, 제인은 보복을 확고히 믿는다. 헬렌은 진실한 기독
교도라면 이웃을 사랑하고, 축복하고, 이롭게 함으로써 그리
스도를 본받아야 한다고 주장한다. 제인이 리드 외숙모를 용
서하기 위해 노력해야 한다는 것이다. '원한을 키우기'에는 인
생이 너무 짧기 때문이다. 그녀는 천국을 바라보는 마음을 확
고히 하고, 일시적이고 곧 썩어버리게 될 우리 몸을 움직이는
영원한 정신을 기억하라고 당부한다. 헬렌은 브로클허스트 목
사의 엄격하고 위선적인 신앙과는 대조적인 신앙관을 보여준
다. 다른 사람들에 대한 그녀의 동정심은 찬양할 만하고, 보복
의 거부는 제인의 격렬한 분노를 다소 누그러뜨려준다. 하지
만 그녀는 완전히 수용할 만한 기독교 신앙의 모델을 제인에
게 내놓지는 못할 것이다. 그녀가 하느님 나라를 꿈꾸면서 현
실 세계를 거부하기 때문이다.

　　이 장에서는 브로클허스트의 위선이 두드러지게 드러

난다. 이 근엄한 사람이 나타나자 제인은 당황한다. 그에 대한 제인의 직관적인 혐오감이 이 장면에서 분명히 입증된다. 그는 소녀들이 굶주릴 정도의 음식을 먹어야 '사치와 방종의 습관'에 길들지 않을 것이라고 주장한다. 그리고 이 극단적인 생활방식을 정당화하기 위해 기독교 교리를 들먹인다. 소녀들이 초기 기독교도나 순교자들처럼 고통 속에서 환희하며 그리스도의 마음의 평안을 받아들여야 한다고 설교하는 것이다. 하지만 자기 아내와 딸들이 교실로 들어오자 그의 위선이 적나라하게 드러난다. 브로클허스트가 템플 선생에게 아가씨들의 긴 머리는 허영의 상징이므로 짧게 잘라야 한다고 열을 올리고 있을 때, 그의 아내와 딸들이 우단과 실크, 모피로 야단스럽게 장식한 옷차림을 하고 교실로 들어온다. 제인은 딸들이 '정성껏 볶아 감아올린 머리'를 하고 아내는 당시 유행인 프랑스식 고수머리 가발을 쓰고 있는 모습을 눈여겨본다.

고집 센 제인 같으면 브로클허스트에게 따지고 들었을 테지만, 템플 선생은 그의 훈계에 대한 감정을 감추려고 애쓴다. 제인은 템플의 얼굴이 차갑게 변해 대리석처럼 굳어지고 있는 모습을 놓치지 않는다. 특히 "꼭 다문 입은 조각가의 끌로나 열 수 있을 만큼 야무지게 닫혀 있다." 그녀는 윗사람과 맞대응하지 않고 오히려 화석처럼 차갑게 된다. 그녀의 동정심과 기품과 학문 존중은 제인에게 역할 모델이 되고 있지만, 부당한 조치에 맞서지 않는 템플 선생의 자세는 받아들일 수 없다.

브로클허스트는 제인을 '방해자요 이방인'이라고 부르면서, 게이츠헤드에서 그녀가 자리했던 열등한 외지인 위치로 환원시키려고 한다. 이미 그가 내린 처벌로 굴욕을 당해 '명예롭지 못한 발판' 위에 서 있다고 느끼는 제인을 헬렌이 위로한다. 제인이 벌서고 있는 걸상 옆을 지날 때, 헬렌의 눈에서 반짝이는 빛은 제인에게 '특별히 미묘한 감정'을 전신에 짜릿하게 느끼도록 해주며, 한 '영웅'이 '노예나 희생자의 옆을 지나다가 힘을 불어넣어주는 것 같았다'. 헬렌의 힘은 육체적이기보다는 정신적이란 것이 다시 한 번 확인된다. 그녀의 눈은 기묘한 빛으로 영감에 차 있고, 미소는 천사의 그것이다. 헬렌의 행동에서 제인은 영웅적 행위는 복수가 아니라 위엄과 지성과 용기를 통해 성취된다는 것을 배운다. 그리고 자신의 태도를 바꿈으로써 행동을 바꿀 수 있다는 것도 익힌다. 헬렌의 단순한 미소가 제인의 수치심을 오히려 힘으로 바꿔준 것이다.

Chapter 8

차 한 잔의 우정

오후 5시가 되자 수업이 끝나고 차를 마시는 시간이다. 지금까지 제인을 버텨주던 마음의 힘이 사라지고, 그녀는 슬픔에 겨워 마룻바닥에 쓰러진다. 로우드에서 지금까지 쌓아온 노력이 브로클허스트의 부당한 비난으로 모두 허물어졌다고 생각한 것이다. 제인은 세상이 거짓말쟁이로 낙인찍은 소녀를 헬렌이 어떻게 친구로 대해 줄 수 있을까, 하고 걱정한다. 헬렌은 제인이 너무 과장해서 생각한다고 말한다. 세상에 사는 수억 명의 사람들 가운데 단 80명이 브로클허스트의 말을 들었을 뿐이고, 아마도 그들 대부분이 제인을 미워하기보다는 가엾게 여길 것이기 때문이라는 것이다.

템플 선생도 제인을 다정하게 대하면서 명예를 회복할 기회를 준다. 제인의 이야기를 확인하기 위해 로이드 씨에게 편지를 보내겠다는 것이다. 만약 그의 회답이 제인의 말과 일치하면, 누명을 벗겨주겠노라고 약속한다. 템플 선생에게는 이미 해명된 것이나 마찬가지다. 제인과 헬렌은 선생과 함께 차를 마신다. 자기네 처지로는 과분한 대접이다. 제인은 템플 선생이 내주는 시드 케이크를 '진미'라고 말하기도 한다. 템플 선생은 이제 헬렌에게 관심을 돌리고, 두 사람은 프랑스와 라틴어 저자들에 관해 대화를 나눈다. 제인은 헬렌의 해박한 지식에 놀란다.

로이드 씨는 템플 선생에게 답신을 보내 제인의 말을 뒷받침해 준다.

템플 선생은 전교생을 모아놓고 브로클허스트가 제인에게 씌운 거짓말쟁이란 혐의를 벗겨준다. 이렇게 마음의 짐을 벗자, 제인은 다시 열심히 공부에 몰두해서 곧 상급반으로 올라간다. 이내 그녀는 프랑스어와 그림을 배우게 되고, 게이츠헤드에 있을 때보다 로우드에서 행복을 느낀다.

이 장에서는 제인과 템플 선생, 헬렌이 더 가까운 친구가 되지만, 성격적인 차이가 더욱 분명히 드러난다. 예를 들어, 헬렌은 고독을 두려워하지 않는다. 따라서 온 세상이 자기를 미워할지라도, 자기 양심이 거리끼지 않는다면 친구가 없을 리 없다고 믿는다. 제인은 그렇게 생각하지 않는다. "만약 남들이 나를 사랑하지 않는다면, 난 차라리 죽는 게 나아 ― 난 외톨이로 미움받는 건 참을 수가 없어." 먼 하늘나라에서의 사랑과 영광의 약속은 제인의 마음을 달래주지 못한다. 그녀는 이 세상에 살아 있는 동안의 인간적인 다정함과 애정을 갈망한다. 제인이 인간의 사랑을 지나치게 많이 생각하고, '영혼의 왕국'에 관해서는 너무 조금 생각한다는 헬렌의 지적에, 제인은 헬렌의 말 속에 슬픔이 들어 있음을 감지한다. 어떤 의미에서 내세(來世)에 대한 헬렌의 동경은 죽음에 대한 강박관념을 말해 준다. 그녀가 말하고 난 뒤에 기침을 하는 것은 일찍 죽게 될 것임을 예고한다. 헬렌은 자신이 어려서 죽을 것이라

고 생각하고, 내세를 낭만적으로 미화함으로써 마음의 준비를
한다고 볼 수 있다.

인물 탐색 헬렌에 대한 제인의 묘사는 헬렌의 영적(靈的)인 특성
을 강조한다. 이를테면, 그녀의 눈이 아름다운 것은 눈
동자 색깔이나 긴 속눈썹 때문이 아니라, 그 눈이 전하는 의미
와 광채에서 기인한다고 본다. 그리고 "그녀의 영혼은 입술로
옮겨가서 어디서부터 나오는지 알 수 없는 말이 흘러 나왔다…
맑고 넘치는 듯한 열렬한 웅변이다." 인생과 문학에 관한 헬
렌의 이해는 열네 살 소녀의 것으로서는 놀랍다. 제인은 헬렌
이 죽음이 임박한 것을 느끼기 때문에, 마치 바람 속의 촛불처
럼 맹렬히 타오르는 것 같은 삶을 살아가고 있다고 생각한다.
제인은 헬렌과의 관계를 통해 겉모습을 넘어 인간의 내적 본
성을 바라보는 법을 배운다.

인물 탐색 분노에 지나치게 사로잡히는 것을 경계하는 헬렌의 가
르침과 더불어 템플 선생의 부드러운 말이 제인의 성격
을 바꾸고 있다. 제인은 '흥분과 고뇌'를 억제하며, 리드 가족
과 함께 살아온 이야기를 템플 선생에게 담담하게 털어놓으면
서, 절제되고 간결한 말이 더 믿을 수 있게 들린다고 생각한다.
신경질적이고 거친 감정은 차분하고 정직한 이야기만큼 효과
적으로 진실을 전달하지 못한다는 것도 깨닫는다. 하지만 그
녀는 두 사람의 온화한 태도를 아직 완전히 제 것으로 익히지
못하고 있다. 스캐처드 선생이 마분지에다 '게으름뱅이'라고

쓴 푯말을 만들어 헬렌의 목에 걸어준 것을 본 제인은 마음속에 분노가 치밀어 그 마분지를 찢어 난로 속에 처넣어버린다. 결국 템플과 헬렌의 온화한 성품이 제인에게 완전히 영향을 미치지는 못하지만, 문학에 대한 그들의 지식은 제인으로 하여금 더욱 열심히 공부하게 만드는 자극제가 된다. 언젠가 그녀는 템플 선생의 세련됨과 헬렌의 부드러운 성품, 그리고 자신의 열정을 결합시킨 이상적인 삶을 영위해 나갈 것이다.

Chapter 9

 : 줄거리

헬렌, 제인의 팔에 안겨…

　로우드에 봄이 찾아오고 궁핍한 사정이 완화된다. 새로운 성장과 더불어 희망도 싹튼다. 제인은 로우드를 둘러싼 자연의 아름다움을 발견한다. 겨울의 혹한 속에 가려져 있던 아름다움이다. 그러나 그 즐거움 속에도 고통이 숨어 있다. 로우드 학교를 둘러싸고 있는 숲의 습기로 인해 돌림병—발진티푸스—이 창궐한다. 반 굶주림과 소홀했던 감기 치료와 습

기 때문에 80명의 학생들 가운데 45명이 이 무서운 질병에 걸린다. 제인을 포함, 아프지 않은 아이들은 선생님들의 감독 없이 바깥에 나가 놀도록 허용된다. 제인은 학교 안의 죽음과 문밖 5월의 아름다움이 대조적임에 주목한다.

제인이 새로 사귄 메리 앤 윌슨과 자연의 아름다움을 즐기는 사이 헬렌 번스는 죽어가고 있다. 발진티푸스가 아니라 폐결핵이다. 간호사로부터 헬렌이 곧 죽을 것이라는 말을 들을 때까지, 제인은 이 병이 얼마나 무서운지 모른다. 그녀는 헬렌이 죽기 전에 마지막으로 친구를 안아줘야겠다고 생각하고, 템플 선생의 방으로 살며시 들어간다. 헬렌은 병세가 심해진 후, 템플 선생의 방에서 간호를 받으며 지내고 있다. 마지막 대화에서, 헬렌은 행복하다고 말한다. 죽어가는 어린이들이 겪는 큰 고통을 피하게 될 테니까. 헬렌은 제인의 팔에 안긴 채 숨을 거둔다. 15년 후 제인은 헬렌의 무덤에 "부활하리라"라고 조각된 회색 대리석 묘비를 세워준다.

앞서의 몇개 장과 마찬가지로 9장도 헬렌과 제인을 통해 영적 세계와 물질적 세계의 차이를 강조한다. 이 장은 봄의 광휘로 시작된다. 세상은 풍요로운 초록빛으로 변해 야생 앵초 꽃망울들이 터져 나온다. 제인과 메리 앤 윌슨이 이 화사한 자연의 세계를 즐기는 사이, 로우드 학교에는 전염병이 퍼진다. 발진티푸스는 학생들 절반을 삽시간에 죽음으로 몰아간다. 제인은 삶과 죽음을 생생히 대조시키면서, 로우드가 5월의 찬란함과 죽음이 함께 하는 곳이 되었음을 보여준다.

　　제인이 순진무구하게 자연을 환호하고 있는 사이, 친구 헬렌 번스는 폐결핵으로 죽어가고 있다. 제인은 새로 발견한 자연의 즐거움 속에서도 친구를 잊지 않는다. 아름다운 야외에서 하루를 즐긴 제인은 갑자기 처음으로 이런 생각에 빠진다. 병으로 누워 있으면 얼마나 슬플까, 죽음의 위험에 빠져 있으면 얼마나 무서울까, 하고. 이 세상의 즐거움을 발견해 가는 그녀는 아직은 죽고 싶지 않다. 이런 깨달음은 지금이 우리가 가진 유일한 순간이고, 과거와 미래는 '형체 없는 구름이자 텅 빈 심원'이다. 이런 생각을 하고 나서, 헬렌의 죽음이 임박했음을 알게 되고, 죽음이 무엇을 뜻하는지 이해하기 시작한다. 제인에게 죽음은 '혼돈의 한복판으로 비틀거리며 떨어지는 것'을 뜻하지만 헬렌에게는 전혀 다른 의미를 가지고 있다.

문체 탐색 두 소녀 사이의 마지막 대화는 세상에 대한 이해가 서로 다름을 강조한다. 제인은 자연계에서 즐거움과 아름다움을 발견하지만, 헬렌은 하느님 나라에서의 자유를 동경하고 있다. 헬렌은 마음이 평화롭다고 제인을 안심시키지만, 그녀의 마지막 말에는 슬픔이 배어 있다. 예를 들면, 헬렌에게는 조문해 줄 가족이 없다. 얼마 전에 재혼한 아버지가 딸을 달가워하지 않을 것이기 때문이다. 헬렌은 일찍 죽으면 큰 고통에서 구원될 것이라고 생각한다. 이 세상에는 자신의 죽음을 슬퍼할 아버지가 없어졌기 때문에, 하느님을 자기를 위로해 줄

‘전능한 우주의 부모’라고 생각한다. 그 반면에 제인은 “하느님은 누구인가?” “하느님은 어디에 계신가?” 하고 궁금해 한다. 영혼의 구원을 확신하지 못하는 그녀는 자기가 할 수 있는 최선의 방식으로 친구를 위로한다. 친구를 꼭 껴안고 육체적인 위안을 주는 것이다. 헬렌은 제인의 품안에서 위안을 느끼는 듯 자기가 잠든 사이에 함께 있어 달라고 부탁한다. 이 장은 헬렌의 성격을 엿보게 해준다. 그녀는 자신에게 사랑을 주지 않고, 더 나은 미래를 위한 기회를 주지 않는 속세를 거부하고 있다. 그녀의 체념은 죽음을 위엄 있게 맞도록 해주지만, 제인의 용기는 삶을 즐겁게 맞도록 해준다. 이 장은 제인이 하느님이나 천국을 완전히 믿지 못하고 있다는 것을 강조한다. 제인에게는 천국이 이 세상 5월의 아름다움 속에 있다.

Chapter 10

현실 세계의 모험을 찾아서

8년이 흐른 뒤 제인이 다시 이야기를 계속한다. 로우드 학교에서 발생한 발진티푸스의 원인 조사에 뒤이어 브로클허스크가 공개적인 창피를 당하고 새로운 교사(校舍)가 세워진다. 브로클허스트는 학교의 재정 담당자로 남지만, 더 개화된 신사들이 감독자가 되고 학교는 '참으로 유용하고 고상한 기관'으로 변모한다. 제인은 8년간 이곳에 머무는데, 6년은 학생으로, 2년은 교사로 지낸다.

그녀는 뛰어난 학업 성과를 올리지만, 교사로서 2년을 보낸 뒤 새로운 변화의 필요성을 느낀다. 첫째, 템플 선생이 결혼해 먼 곳으로 떠나자, 로우드의 '편안한' 느낌도 사라진다. 모험을 갈구하는 제인의 욕구가 되살아나 현실 세계의 모험을 경험하고 싶다. 이 학교에 온 이후, 그 생각은 멈추지 않았다. 이제는 '자유'와 '새로운 봉사'를 꿈꾸며, 신문에 가정교사 취업 광고를 싣는다. 밀코트에 있는 손필드 저택의 페어팩스 부인으로부터 연락이 온다. 한 소녀의 가정교사가 필요하다는 내용이다. 제인은 그 일자리를 잡기로 마음먹는다. 새로운 일터로 떠나기에 앞서, 뜻밖에 리드 가족의 아이들 보모인 베시 리드가 찾아온다. 제인은 그녀로부터 리드 집안의 아이들이 잘 풀리지 않은 것을 알게 된다. 조지애너는 한 젊은 이를 따라 가출을 기도했으나 일라이저가 도피행을 방해했고, 존은 방탕한 생활로 흘러들었다는 얘기다. 베시는 제인의 귀부인 같은 모습과 성취에 감동한다. 제인은 7년 전에 존 에어가 자기를 찾아 리드 일가를 방문한 사실도 알게 된다. 아쉽게도 그는 돈을 벌기 위해 마데이라로 떠나야 했기 때문에 로우드를 찾아오지 못했다고 한다.

제인의 인생 항로에서 또 다른 한 부분이 끝나려 한다. 템플 선생이 로우드를 떠나는 것이 그 신호가 된다. 그 동안 템플 선생은 제인에게 스승 이상의 존재였다. 어머니이자 가정교사이자 동료였던 것이다. 그녀의 가르침은 제인의 충동성을 완화시키고, 감정을 조절하게 해주었으며, 몸가짐을 '절도 있고 차분하게' 만들었다.

그러나 이런 모습은 외형적인 껍질에 지나지 않는다. 템플 선생이 로우드를 떠나자, 이 껍질이 갈라지고 제인은 자신의 많은 감정이 진실한 본성을 반영하지 않고 단순히 선생님으로부터 '빌려온 것'이었음을 깨닫는다. 제인의 본성은 로우드의 평화로운 고립보다는, 바깥 세계의 감동과 흥분과 경험을 통해 얻어지는 지식을 동경하는 것이다. 풍경이 제인의 생각을 반영하고 있다. 그녀는 로우드의 안전한 정원을 떠나 멀리 떨어져 있는 푸른 산봉우리들을 탐험하고 싶다.

 제인의 게이츠헤드 출발이 붉은 방에서의 유사(類似) 초자연적 경험을 신호로 시작된 것과 같이 로우드에서

의 떠남도 과학으로는 설명할 수 없는 심령적 요소를 가지고 있다. 제인은 '새로운 일'을 구할 방법을 생각하다가 '친절한 요정'의 방문을 받고, 그 요정이 해답을 제시한다. 이 영적인 상담자는 제인에게 구체적인 광고 아이디어를 내놓는다. 지방 신문에 구직 광고를 내는데 광고주를 J. E.로 표시하라는 것이 다. 요정의 계획이 맞아떨어지고 제인은 일자리를 얻는다.

제인은 일자리를 제공하는 편지의 필체가 나이 많은 부인이 쓴 듯 구식인 게 마음에 든다. 빅토리아 시대에는 독신녀에게 예의를 갖추는 것이 중요하다. "무엇보다도 나는 내 노력의 결과가 존중되고 제대로 예의 바른 대접을 받기를 바랐다"고 그녀는 술회한다. 예의범절에 대한 강조는 제인과 베시가 나눈 대화에서도 계속된다. 실제로 이 소설은 '귀부인'이나 '신사'가 되는 것이 무엇을 뜻하는지 계속 묻고 있다. 베시는 제인이 '정말 귀부인'처럼 되었기 때문에 감동한다. 제인은 이제 피아노도 치고, 그림도 그리고, 프랑스어도 리드 가족의 자매들보다 더 잘하지만 그들 자매나 알코올중독자인 존이 여전히 제인보다 사회적 지위가 높은 것으로 여겨진다. 그러나 제인의 사회적 지위가 리드 가족이 생각하는 것보다 높을 수도 있다. 베시의 말에 따르면, 제인을 찾아 게이츠헤드에 왔던 숙부가 '꼭 신사처럼' 보였다는 것이다. 이 대화는 제인 집안의 신분과 전반적인 계급체제의 모호성을 강조한다. 이 의문은 소설이 진행되면서 더욱 뚜렷해질 것이다.

Chapter 11

 ## 이상한 웃음소리

제인은 손필드에서 아무도 마중 나오지 않았기 때문에 밀코트의 조지 여관에서 기다리고 있다. 서서히 걱정될 무렵에 하인 한 사람이 당도한다. 손필드 저택은 위용이 당당하지만, 마음이 끌린다. 깔끔하고 부드러운 느낌을 주는 페어팩스 부인이 제인을 따뜻하게 맞아준다. 제인은 놀랍게도 그 어느 때보다 많은 관심을 받고 있다는 느낌을 받는다.

그녀는 손필드에는 주인인 로체스터 씨가 있다는 것과 새로운 제자 아델르 바렝은 로체스터 씨가 돌보는 아이란 것도 알게 된다. 여덟 살짜리 아델르와 인사를 나누던 제인은 그 애와 보모 소피가 프랑스인이고 영어를 조금밖에 할 줄 모르는 데 놀란다. 아델르의 어머니는 무용수이자 가수였고, 역시 음악적 재능이 뛰어난 아델르가 제인을 위해 오페라 가곡을 한 곡 불러준다. 아델르는 프레데릭 부인이란 아주머니 부부와 함께 살았는데, 그 집이 너무 가난해서 돌보기가 어려워지자 로체스터가 영국으로 데려왔다고 한다.

페어팩스 부인이 제인에게 로체스터 씨와 가족에 대해 몇 가지 정보를 알려준다. 그는 약간 '괴팍하지만 좋은 주인이며, 로체스터 집안은 대체로 조용하기보다 격정적인 편'이라고 한다. 제인은 페어팩스 부인의 안내로 집을 한 바퀴 둘러보다가 이상한 웃음소리를 듣게 된다. 페어팩스 부인은 그것이 좀 괴짜인 하녀 그레이스 풀의 웃음소리라고 설명해 준다.

　제인의 삶에 새로운 무대가 열린다. 앞날은 더 밝을 것이라 느끼는 그녀는 로우드의 소박함과 평화스러움을 벗어나 당당한 손필드의 영역으로 들어간다. 11장은 내레이터의 직접

적인 이야기로 시작된다. 그녀는 독자에게 각 장은 연극의 새
로운 장면과 같으므로, 무대의 막을 올리면 독자는 새로운 곳
에 와 있다고 상상해야 한다고 일러준다. 독자들을 무대에 끌
어들여 능동적으로 소설이 묘사하는 사람과 장소를 상상하는
일에 동참하라고 이른다. 독자로 하여금 제인의 삶을 들여다
보고 그녀의 경험을 공유하도록 하는 것이다.

계급 문제가 다시 한 번 언급된다. 페어팩스 부인은 높
은 하인으로서 자기와 이 집의 다른 하인들 사이에 큰
차이가 있다고 생각하고 있다. 예를 들면, 그녀는 리어와 존을
좋아하지만, "아무래도 하인이기 때문에 대등하게 터놓고 얘
기할 수는 없는 처지지요. 이쪽의 권위를 유지하려면 역시 얼
마간의 거리를 두어야 하거든요" 하고 말한다. 영국의 엄격한
계급제도는 모든 사람이 자기에게 어울리는 위치를 유지할 것
을 요구한다. 하지만 계급마다 내부 구조는 끊임없이 흐트러
지고 있다. 제인은 가정교사로서 페어팩스 부인처럼 가족의
일원도 하인 계급의 일원도 아닌 범주에 들어갈 것이다.

당시의 영국은 서로 다른 사회 계급뿐만 아니라 자기들
과 외국인들 사이의 계층도 유지하려고 애썼다. 아델르는 프
랑스 시민으로 이방인이다. 제인은 자신의 옷차림이 아주 수
수하고 대체적으로 퀘이커교도처럼 보이는데, 아델르의 옷차
림이 더 화려하고 사치스럽다는 점을 강조한다. 그 아이가 선
택한 오페라 아리아에서도 문제점이 드러난다. 아리아의 주제

는 한 버림받은 여자의 이야기인데, 제인은 어린이에게는 좋은 취향이 아니라고 생각한다. 그 노래의 주제는 아델르의 어머니가 관능적인 여자이며, 아델르 역시 고상한 영국식 도덕 기준으로 다듬어져야 할 필요가 있음을 시사한다. 지리, 역사, 영어 교육에 곁들여서 이 점이 제인의 교육 목표가 된다.

Chapter 12

 **말에서 떨어진 사나이**

손필드는 조용하고 아늑해서 제인은 만족스럽다. 아델르는 생기발랄하고 버릇없지만, 말을 잘 듣고 가르침을 잘 받아들인다. 그러나 제인은 도시의 분주한 세계, 다양함, 친구들과의 대화가 그립다. 제인에게 내재하는 불안감이 그녀를 괴롭힌다. 이 저택의 3층을 거니는 것이 이런 불안을 가라앉히는 유일한 방법이다.

　몇 달이 지난 1월 어느 날, 제인은
손필드를 둘러싸고 있는 들판을 지나
먼 길을 산책한다. 언덕에 앉아 달
이 뜨는 광경을 바라보며 생각에 잠
겨 있던 그녀는 시끄러운 소리에 정
신을 가다듬는다. 말 한 마리가 오솔
길을 달려오고 있다. 제인은 그 말을
바라보면서 전에 베시가 이야기해 준,
'지트라시'라는 영국 북부의 정령을 떠

올린다. 말이나 노새 또는 큰 개로 변신한 유령 지트라시는 가끔 외로운
길손을 두렵게 했다. 이런 생각에 뒤이어 그녀는 뉴파운드랜드 종(種)의
커다란 개 한 마리가 수풀을 뚫고 달려가는 모습을 본다. 말을 탄 사나이
가 나타나 제인을 유령의 세계에서 깨어나게 만든다. 그의 말이 얼음조각
을 밟고 미끄러지는 바람에 사나이가 말에서 떨어진다. 제인은 매력적이
지 않은 30대 후반쯤의 그 사나이에게 자기는 손필드의 가정교사라고 말
하고, 그가 말 있는 곳까지 갈 수 있도록 부축해 준다. 말과 사나이와 개
는 홀연히 사라진다. 제인은 남을 도와주었다는 것에 보람을 느낀다. 손
필드로 돌아온 제인은 자신이 도왔던 사나이가 바로 고용주인 로체스터
라는 사실을 알게 된다.

　　이 장에서 독자들은 제인이 느끼는 불안감의 또 다른
예를 보게 된다. 손필드라는 조용한 안식처는 침체와 외로움

과 획일성을 가져다준다. 그곳의 조용한 생활은 '안전과 편안함'을 주지만 제인은 그러한 삶에 마냥 감사할 수만은 없다. 감동과 다양함과 지적인 자극이 있는 삶을 그리워하는 그녀는 페어팩스 부인의 단조로움이나 아델르의 단순함에 만족하지 못한다. 그 결과, 제인은 자신이 꿈꾸는 상상의 세계에 빠져 살면서, 상상이 꾸며내는 이야기에 마음의 귀를 기울이고 갈망한다. 그녀는 실제 세계에서 경험하지 못하는 온갖 사건, 삶, 불, 감정으로 고무된 이야기를 줄곧 털어놓는다. 제인은 자신의 문제가 성별과 관계된 것이라고 암시한다. 여자도 남자들과 마찬가지로 활동적인 일을 해야 하며, 지적인 지평을 확대할 필요가 있다. 남자처럼 그들 역시 엄격한 제약과 절대적인 침체로 고통받고 있다. 실제로 제인은 여자들이 가정적인 일을 추구하는 데 만족해야 한다는 남자들의 주장은 옹졸한 생각이라고 믿는다. 여자들의 마음속에 조용한 반란이 무르익어 간다고 주장하는 이 소설의 호소는 가히 혁명적이다.

문학적 장치 제인과 로체스터의 만남은 많은 면에서 중요하다. 첫째, 그녀가 로체스터의 말과 개를 전설에 나오는 지트라시와 연관짓는 것은 이 소설에 또 다른 초자연적인 요소를 가져다준다. 그 커다란 개는 '털이 길고 머리가 커서 사자처럼 보이는 동물'이다. (이 소설의 끝부분에 로체스터가 사자처럼 보인다는 묘사가 있다.) 제인은 그 개가 '개처럼 보이지 않는 눈으로' 그녀를 쳐다보지도 않고 지나갈 때, 놀라서 넘어질 뻔한다. 영국의 전설에는 사람들에게 친구나 친척의 죽음이 다가오고 있음을 경고하기 위해 지트라시가 나타나지만, 제인과 로체스터의 첫 만남에는 신화적인 느낌을 더해 주어 그들의 관계를 더 특별하게 보이도록 해준다. 첫 만남에서 로체스터가 부상을 입고 제인의 도움을 받는 것도 중요한 조짐이다. 많은 평론가들은 이 사건이 두 사람 사이의 평등한 관계를 확립해 주는 데 일조한다고 주장한다. 그리고 소설의 마지막에 로체스터가 제인에게 의지하게 되는 상황을 예언하기도 한다. 제인은 로체스터가 미남도 아니고 영웅적으로 보이지도 않는다고 강조함으로써, 그의 힘을 제한하고 있다. 손필드에서 제인의 역할을 추측할 수 없던 로체스터는 그녀가 하인도 아니고 옷차림이 귀부인의 하녀로 보기에도 어울리지 않을 정도로 초라하다고 느낀다.

Chapter 13

 주인이 돌아온 집

로체스터의 도착에 이어 손필드에서의 생활이 달라진다. 제인과 아델르는 서재를 쓰는 것을 포기할 수밖에 없다. 로체스터가 응접실로 사용해야 하기 때문이다. 전에는 적막함이 지배했으나 이제는 새로운 목소리로 집안이 가득 찬다. 제인은 주인이 와 있기 때문에 그곳이 더 좋아진다. 아델르는 로체스터가 가져온 선물이 무엇일까, 생각하느라 공부에 집중하지 못한다.

제인은 로체스터와 차를 마시기 위해 옷을 갈아입는 '추가적인 의식'이 내키지 않는다. 제인은 멋지기보다는 당당한 그의 얼굴이 확고하고 결단력 있어 보이는 점에 다시 주목한다. 제인은 그가 자신을 대하는 딱딱한 격식이 세련된 정중함보다 더 흥미롭다. 로체스터는 제인에게 가족관계를 묻다가 부모가 죽은 걸 알고는, 제인이 요정이라고 결론을 내린다. 이어서 그녀의 피아노 솜씨는 보통이지만 그림은 잘 그린다고 감탄한다. 저녁 9시에 로체스터는 여자들을 물러가게 한다.

페어팩스 부인은 제인에게 에드워드 로체스터에 관해 좀더 들려준다. 부친인 로체스터 씨와 형 롤랜드가 그에게 불리한 음모를 꾸몄기 때문에, 에드워드는 가족과 의절하고 지내다가, 형이 죽고 그 재산을 상속하면서 9년 전에 손필드로 돌아왔다는 것이다.

제인과 로체스터의 관계가 이 장에서 발전하기 시작한다. 로체스터는 엄격하고 대체로 무뚝뚝한 사람이다. 그러나 제인은 그의 퉁명스런 태도를 좋아한다. 그가 세련되고 우아하고 정중하게 대한다면, 어떻게 대응해야 할지 모르기 때문이다. 로체스터는 꾸밈없이 너무 자연스럽기 때문에, 제인도 그와의 관계에서 개방적이고 정직할 수 있다. 로체스터는 첫 만남에 대한 신비하고 초자연적인 화제를 계속 들먹이면서, 제인을 자기 말에 마법을 건 요정으로 생각했다고 밝힌다. 그는 자꾸 제인을 '작은 요정'이라고 부르며 '초록 옷을 입은 사람들'이 그녀의 친척이라고 말한다. 이처럼 제인과 이 소설의 첫 머리에 나오는 요정들을 연결 짓는 말을 되풀이하면서 제인이 지닌 성격상의 신비한 측면을 강조한다. 제인은 고아로서 과거와 미래가 열려 있고 자신에 대한 어느 누구의 기대를 채워줄 필요가 없기 때문에 만약 요정들을 친척이라고 부르고 싶으면, 그렇게 할 수 있다. 제인과 로체스터 두 사람이 첫 만남과 요정 이야기에 의미를 부여하는 점은 의미심장하다. 이는 그들의 관계가 어떤 점에서 이상적이고 특수함을 암시하는 것이다.

제인의 그림을 보고 난 로체스터는 그 그림들도 요정 이야기 같은 요소를 담고 있다고 생각한다. 제인은 독자들에게 자신의 '영혼의 눈'이 그림의 영상을 제공하는데 그려놓고 보면, '내가 생각했던 것의 퇴색된 묘사'에 지나지 않았다고 고백하고 있다. 그녀의 공상이 예술적인 작품으로 흘러감으로써 열정과 불안이 창조적인 출구를 찾는 것이다. 로체스터가 지적하듯이, 그 그림들은 평범한 소녀들의 그림과는 달리 기묘하고 가끔은 격정적인 주제를 가지고 있다. 가라앉는 익사체, 검고 야성적인 눈이 달린 수성(水星)의 모습, 빙산 위에 얹힌 어마어마한 사람의 머리 등등. 로체스터가 제인에게 그런 형상을 창조할 때 행복을 느끼느냐고 묻자, 그런 그림을 그리는 것은 자신이 알고 있는 가장 큰 즐거움이라고 대답한다. 그녀에게는 창작을 통해 행복감이 오고, 그림의 아름다움과 삭막함은 성격의 깊이를 나타낸다. 제인은 창작의 즐거움에도 불구하고 생각과 그림 사이의 차이로 당혹스럽다. 하지만 로체스터는 그녀의 그림들이 던져주는 내면세계를 들여다보는 듯해서 감동을 받는다. '요정'이 빚어낸 것 같은 그림들은 로체스터에게 심령적이고 마법적인 힘을 미친다.

Chapters 14, 15

욕정적이었던 과거, 그리고 뉘우침

얼마간 제인은 로체스터를 거의 만나지 못한다. 잠깐씩 마주칠 때, 그녀는 그가 우울한 기분에 빠져 있는 것을 알아차리지만 당황하지는 않는다. 마침내 어느 날 저녁, 그는 아델르와 제인을 불러 아델르가 오랫동안 기다려온 선물을 내놓는다. 제인은 그가 여느 때보다 밝다는 것을 눈치 챈다. 아마도 저녁을 먹으면서 마신 와인 때문인 것 같다. 그는 제인의 솔직하고 진지한 태도를 즐기면서 자기는 순결하고 순진무구한 삶을 살아오지는 않았노라고 고백한다. 그들은 죄악과 뉘우침과 회개에 관해 의견을 주고받는다. 제인이 이야기를 경청하는 모습에 로체스터는 마치 일기를 쓰듯이 속마음을 털어놓는다. 그는 수치스러운 생활을 청산하고 새롭고 순결한 삶을 살아갈 용의가 있다고 말한다. 그리고 젊은 시절의 죄를 속죄하기 위해 아델르를 기르는 것이라고 한다.

15장에서 로체스터는 프랑스인 오페라 무용수 셀린느 바렝에게 가진 욕정에 관한 이야기를 제인에게 털어놓으며, 어리석게도 그녀가 자기를 사랑한다고 믿어 행복감에 젖어 있었다고 말한다. 그러나 어느 날 밤에 셀린느는 집으로 다른 남자를 데려왔고, 그들은 로체스터를 '불구자'라며 흉을 보았다. 그들의 대화를 엿들은 로체스터는 즉각 그녀와의 관계를 청산했다. 셀린느는 아델르가 로체스터의 딸이라고 말했지만, 그는 믿지 않았다. 그 애는 자기와 닮은 데가 전혀 없기 때문이었다. 몇 년 뒤 셀

린느는 딸을 버리고 어떤 음악가와 이탈리아로 달아났다. 로체스터는 아델르를 자기 딸로 인정하지 않았지만, 버림받은 아이를 가엾게 여겨 영국으로 데리고 왔다고 한다.

새벽 2시에 제인은 침실 바깥에서 나는 악마의 부르짖음 같은 웃음소리와 널빤지를 손가락으로 긁는 소리를 듣는다. 그녀는 로체스터의 애견 파일럿이 복도를 돌아다닌다고 생각하지만 이내 문이 열리는 소리가 들려온다. 복도로 나가보니 로체스터의 방에서 연기가 스며 나온다. 곧장 로체스터의 방으로 달려가니 커튼이 불타고 있고, 침대가 넘실대는 불꽃의 혓바닥에 휘감겨 있다. 그를 깨우지 못한 제인은 침대에 물을 퍼붓는다. 로체스터는 제인에게 다른 도움을 청하지 못하게 하고는 3층에 올라가 보아야겠다고 말한다. 곧 돌아온 그는 그레이스 풀이 범인이라며, 목숨을 구해 줘 고맙다고 인사하고, 이 사건을 비밀에 부쳐달라고 당부한다.

엘리자베스 리그비 같은 초기 비평가들은 '천박하고 야비하다'며 로체스터의 성격을 싫어했다. 리그비는 이 소설 전체가 도덕적으로 해로운, '천박한 언어와 느슨해진 품격'을 보여주고 있다고 주장했다. 14, 15장에 나오는 제인과 로체스터의 대화는 당시 사람들에게는 충격적이었을 것이다. 로체스터가 시인한 것 같이, 오페라 무희와의 정사(情事)에 관한 이야기를 어린 처녀에게 털어놓는다는 것은 괴상하게 보인다. 로체스터는 제인의 강한 성격이 이런 부도덕한 이야기에 '영향을 받을 것' 같지 않기 때문이라는 주장으로써 자기 행위를 정당화하고 있다. 그는 제인을 '망쳐놓을 수' 없지만, 그녀는 자기를 '새롭게 해줄 수' 있다는 것이다. 그리고 제인과의 관계가 자기 삶에 순결함과 신선함을 가져다주기를 바란다.

브론테는 여자들도 적극적인 삶을 이끌어갈 필요가 있을 뿐만 아니라 삶의 피상적인 면으로부터도 가려져서는 안 된다고 주장한다. 로체스터의 과거는 제인에 대한 그의 신뢰가 커지는 것과 그의 성격이 바이런적인 측면을 지니고 있다는 것을 보여준다. 19세기 초의 낭만적이고 정열적이며 냉소적인 시인 바이런처럼, 로체스터는 부도덕하지만, 셀린느를 향한 '숭고한 열정'에 전부를 바쳤다. 그는 사회적인 인습을 서슴없이 경멸한다. 이는 제인과의 관계에서도 분명하다. 그는 계급적 경계를 유지하기보다는, 제인으로 하여금 마치 '나의 주인이라기보다는 오히려 친척처럼' 느끼도록 해준다.

아델르에 대한 로체스터의 태도는 그의 과거를 보여준다. 이것은 그가 제인에게 끌리는 이유를 밝히는 데 일조한다. 아델르 바렝은 로체스터에게 과거의 방탕을 날마다 일깨워주는 존재다. 사치와 공단과 비단 스타킹에 마음을 빼앗기는 아델르는 물질주의를 나타낸다. 로체스터가 물질주의를 싫어하는 주된 이유는 셀린느 바렝을 생각나게 하기 때문이다. 그녀는 로체스터를 홀려 그의 '영국인의 바지'에서 '영국의 금화'를 빼먹었던 것이다. 영국적인 순결성을 강조하는 그의 말은 민족주의적인 측면이 있지만, 또한 그가 셀린느처럼 '금가루만 좋아하는' 여성들의 물질주의와 허식을 혐오한다는 것을 보여준다.

로체스터는 셀린느의 천박함과 제인의 성실함을 계속 대비시킨다. 예를 들면, 셀린느는 로체스터의 풍모를 찬양하는 척 가장했는데, 제인은 그가 미남은 아니라고 정직하게 말한다. 셀린느는 불쾌한 여성의 전형일 뿐만 아니라 매력 없는 이국적 이미지도 보여준다. 제인은 영국인들이 이웃나라인 프랑스인들과는 달리 피상적이지 않고 깊이가 있으며, 물질주의적이 아니고 정신적이라고 암시하고 있다. 이 소설은 계급과 남녀 역할에 의문을 제기하고, 동시에 영국적인 이상(理想)을 전개시키고 있다. 제인은 솔직하고 성실하며 허영심이 없는 바람직한 영국 여성상을 제시한다. 로체스터는 제인의 솔직한 말과 영적인 그림에 매혹되고 있다. 그런 것들은 과거에 사귀었던 여자들의 가치관과는 명백히 대조를 이룬다. 로체스터는 자기 삶은 칭찬받을 만한 것이 아니었다고 시인하면서, 이제는 '새롭고 신선한' 즐거움과 행복을 찾고 있다. 그의 목표는 자기 변화, 즉 여인들과의 관계를 통해 얻는 개심(改心)이다.

15장 끝부분에서 기이하고 거의 초자연적인 전환이 이루어진다. 로체스터가 셀린느에 대한 무분별한 욕정을 고백하는 것으로 시작된 15장이 '불꽃의 혓바닥들'이 로체스터의 침대를 둘러싸고 돌진하는 이미지로 끝나는 것은 의미심장하다. 로체스터의 성적 방탕이 불타는 침대의 모습으로 형상화된 것이다. 이 장면은 로체스터의 일탈을 가정적이고 재생산적인 바람직한 열정으로 흘러가게 만드는 제인의 역할을 예고한다. 제인의 마지막 꿈은 로체스터와 그녀의 관계가 전개될 방향을 암시한다. 그녀는 '기쁨의 파도 아래 고통의 소용돌이가 꿈틀대는, 흔쾌하면서도 평온하지 못한 바다 위에서 출렁이고' 있었던 것이다. 자기를 기다리는 '휴식의 언덕'에 도달하지 못하고, 잠시 평온하지 않은 바다 위에 떠 있어야만 한다. 그녀는 열정과 흥분의 혼란에 휩쓸리지 않고 의식과 판단력을 잃지 않아야 할 것이다. 이 소설에서는 현실의 경계가 줄곧 확대되어 꿈과 환상이 이성(理性)만큼 생생해지고 있다.

Chapter 16

이루지 못할 사랑

불이 난 다음날 아침, 제인은 로체스터를 만나기가 두려워진다. 그러나 그의 행동은 변한 게 없다. 하인들이 로체스터의 방을 청소하는 광경을 지켜보던 제인은 그레이스 풀이 새 커튼의 고리를 꿰매고 있는 모습을 발견하고 놀란다. 그레이스는 전날 밤 살인을 기도했던 여자치고는 차분해 보인다. 다른 하인들과 마찬가지로 그녀도, 로체스터가 촛불을 켜놓

고 잠들었는데 커튼에 불이 붙었다고 믿는 것 같다. 그녀는 제인에게 밤마다 방문에 빗장을 채워두라고 충고한다. 두 사람이 나눈 대화에서, 그레이스는 방화의 기미를 전혀 드러내지 않고 침착하게 시침을 떼는 것 같아 놀랄 따름이다. 제인은 그 집에서의 그레이스의 역할에 호기심이 생긴다. 사람이 목숨을 잃을 뻔한 방화가 있었는데도 그레이스를 해고하지 않는 이유는 무엇일까? 먼저, 제인은 로체스터와 그레이스가 사랑하는 사이일지도 모른다고 생각하다가 이내 고개를 젓는다. 매력 없고 근엄한 그레이스의 모습 때문이다.

제인은 로체스터가 에시튼 씨의 리스 저택에서 열리는 파티에 참석하러 며칠간의 일정으로 집을 비웠다는 것을 알고 당황한다. 아름다운 블랑슈 잉그램 양이 그 파티에 참석한다는 사실을 알게 되자 특히 더 곤혹스럽다. 제인은 로체스터를 사랑하게 되었음을 깨닫고, 감정을 다스리려고 두 장의 그림을 그린다. 하나는 크레용으로 그린 자화상이고, 다른 하나는 아이보리 색 도화지 위에 상상으로 그린 블랑슈의 초상화다. 그녀는 로체스터를 향한 사랑이 불타오르면, 언제나 못생긴 자기 모습과 미인인 블랑슈의 모습을 비교해 본다.

16장에서는 로체스터에 대한 제인의 사랑이 분명해진다. 그녀는 질투심을 느끼며, 로체스터와 그레이스 풀이 과거에 사랑하는 사이였을지도 모른다고 상상한다. 아마도 그레이스의 '독특함과 굳센 성격'이 부족한 미모를 보완할 수도 있었을지 모른다. 제인은 로체스터가 여자의 외모에 지나치게 끌리는 사람이라고는 생각지 않는다. 예컨대, 제인은 미인이 아니지만 지난밤 그의 말과 표정, 그리고 목소리는 그가 제인을 좋아한다는 것을 시사했다. 그러나 제인과 그레이스 사이에는, 제인을 귀부인이라고 한 베시의 말처럼, 엄연한 차이가 있다. 실제로 제인은 베시가 보았을 때보다 훨씬 더 아름답다. 로체스터를 알게 된 후에 얻은 기쁨으로 더욱 생기발랄해졌기 때문이다. 그녀는 특히 로체스터를 난처하게 만들기도 하고 달래기도 하면서 즐거움을 느끼지만, 언제나 '신분에 걸맞는 예의범절'을 잊지 않는다. 이런 모든 생각은 제인의 우려가 사회적 계급과 여자의 미모에 좌우된다는 것을 보여준다.

블랑슈 잉그램이란 존재를 알게 되면서 제인의 희망은 산산조각이 난다. 길게 늘어뜨린 윤기 나는 검은 고수머리와 빛나는 검은 눈으로 이 고장의 미인으로 꼽히는 블랑슈의 미모는 순백의 옷차림으로 더욱 두드러진다. 제인이 리드 부인과 아들 존을 묘사할 때와 마찬가지로 검은색은 흔히 부정적인 뜻을 함축하고 있다. 빅토리아 시대 영국의 민족제일주의는 검은색을 밤과 악에 연결 짓는 경향이 있었다. 따라서 검은색을 강조한 제인의 묘사는 블랑슈의 인격이 지닌 부정적 측면을 암시한다. 셀린느와 마찬가지로 블랑슈는 받아들일 수 없는 여성상을 나타낸다. 그러나 제인은 블랑슈를 세련되고 아름다운 경쟁자로 본다. 여기서 가장 중요한 것은 지주의 딸

블랑슈의 계급적 지위가 로체스터의 신분과 더 어울린다는 것
이다. 그리하여 전날 밤 제인의 꿈은 재빨리 현실로 변한다.
그녀는 로체스터가 결코 자기를 사랑할 수 없다는 현실을 받
아들이고 분별 있게 처신하기로 결심한다. 그녀는 자기 초상
화에서 두 여인 사이의 물질적인 차이를 지나치게 강조하고
있다. 이는 그녀가 아직도 자기가 지닌 정신적 우월성의 가치
를 깨닫지 못했음을 나타낸다. 자기인식의 길은 아직도 멀기
만 하다.

Chapter 17

 ## 가정교사를 경멸하는 여인들

일주일이 지나도 로체스터가 돌아오지 않자, 제인은 깊은 실망감에 사로잡힌다. 페어팩스 부인은 그가 바로 유럽으로 가서 1년쯤 손필드로 돌아오지 않을 수도 있다고 말한다. 2주 뒤에 그는 페어팩스 부인에게 편지를 보낸다. 손님 일행과 함께 사흘 후에 귀가할 것이라는 전갈이다. 제인은 그레이스 풀의 이상한 행동에 아직도 놀란 상태지만, 그 집에서 살고 있는 어느 누구도 그녀의 기이한 습관, 고립, 음주에 관해 신경을 쓰지 않는 것 같다. 어느 날 제인은 하인들이 그레이스에 관해 주고받는 말을 엿듣게 된다. 그녀가 월급을 얼마나 받고 있는지가 화제의 초점이다. 그들의 대화를 들은 제인은 손필드에는 자기만 모르는 비밀이 있다고 단정한다.

목요일 저녁에 로체스터와 손님들이 도착한다. 그들은 제인이 경험한 적 없는 상류 계급의 기품을 느끼게 해준다. 로체스터가 제인과 아델르를 파티에 참석하라고 부르자, 아델르는 너무 좋아 어쩔 줄 모른다. 하지만 긴장한 제인은 남의 눈에 잘 띄지 않도록 창가의 자리에 가서 앉는다. 그녀는 손님들에게 받은 인상을 독자들에게 술회한다. 블랑슈 잉그램 양은 약간 거무스레한 피부에 오만하고 도도해 보인다. 제인은 슬며시 파티 석상에서 빠져나오려 하지만, 로체스터가 막아선다. 그는 제인의 우울한 표정을 눈치 채고 이유를 묻는다. 처음엔 그녀에게 응접실로 다시 돌아가라고 말하지만, 눈물을 글썽이는 모습을 보고는 그녀의 방으로 가도록 한다. 하지만 앞으로 저녁마다 파티가 열리는 응접실로 나와야 된다는 다짐을 받는다. 그는 작별 인사를 하면서 사랑의 말을 덧붙이려다가 멈칫한다.

17장에서는 블랑슈의 성격상 부정적인 면이 분명히 드러난다. 적어도 제인의 눈에는 그렇다. 그녀의 미모는 페어팩스 부인이 말한 대로지만, 자기 어머니를 닮은 '오만함'과 '사납고 차가운 눈'을 가졌다. 상류 계급 여성들 '특유의 건방진 모습'도 풍긴다. 제인은 로체스터가 정말 그런 오만함을 숭배할까, 하고 생각해 본다. 블랑슈는 어린이들과 가정교사를 싫어하는 것 같다. 제인은 블랑슈가 아델르를 쳐다보는, 조롱 섞인 표정을 눈여겨본다. 블랑슈는 가정교사를 집안의 피를 빨아먹는 '지긋지긋하고 머저리 같은 마귀'라고 부른다. 그녀의 어머니는 '남녀 가정교사끼리의 연애가 한순간이라도 허용되면 안 되는 이유는 수도 없이 많다'고 말하고, 블랑슈도 맞장구친다. 가정교사는 끊임없는 조롱의 대상일 뿐만 아니라 사랑에 빠지는 일도 허용되지 않는다. 잉그램 가족의 잔인성은 리드 부인의 몰인정함과 유사하다. 제인은 잉그램 부인의 '사납고 차가운 눈'이 리드 부인을 연상시킨다고 말한다.

이 장에서 제인의 관찰은 날카롭고 남성적이다. "나는

바라보았다. 그저 바라보기만 하는 것도 즐거웠다. 고통이라는 강철 칼날이 붙은 순금의 값비싸고 통렬한 기쁨이었다. 자기가 기어서 당도한 샘물에 독이 섞여 있음을 알면서도 허리를 구부리고 물을 마시는, 갈증으로 죽어가는 사람이 맛보는 것 같은 기쁨이었다." '통렬한 기쁨'과 '고통이라는 강철 칼날' 따위로 표현되는 고통과 즐거움의 뒤섞임은 로체스터가 제인에게 주는 성적인 매력과 긴장을 암시한다.

Chapters 18, 19

 ## 집시 노파의 예언

손님들이 북적거리는 손필드 저택의 생활은 유쾌하다. 어느 날 밤 그들은 샤레이드 놀이를 준비한다. 로체스터 편이 먼저 로체스터와 블랑슈를 행복한 신랑 신부로 내세운 결혼식을 무언극으로 표현한다. 그 다음에 성서에 나오는 엘리에젤과 레베카의 우물 이야기(구약성서 창세기 24장)를 무언극으로 재연한 뒤, 로체스터가 쇠사슬에 묶인 죄수로 나오는 장면으로 끝난다. 덴트 대령 편이 세 가지 샤레이드의 전체적인 뜻을 영국의 브라이드웰 감옥이라고 정확히 알아맞힌다. 샤레이드에 흥미를 잃은 제인은 로체스터와 블랑슈를 지켜본다. 대화를 주고받는 친밀한 모습에서 제인은 그들이 곧 결혼할 것이라고 믿게 된다.

그러나 그들이 서로 사랑하기 때문에 결혼하는 것이라고는 볼 수 없다. 로체스터는 사회적·정치적 이유로, 블랑슈는 돈 때문에 결혼할 것이다. 하루는 로체스터의 옛 친구라는 메이슨 씨가 도착한다. 제인은 이내 그의 '불안해 보이고 생기 없는' 모습이 싫어진다. 메이슨으로부터 로체스터가 한때 서인도제도에서 살았다는 것을 알게 된다.

가까운 집시 캠프에서 집시 노파 마더 번치스가 찾아와 '귀하신 분들'의 점을 치고 싶다고 한다. 잉그램 부인은 노파를 쫓아 보냈으면 하지만, 블랑슈는 점을 치겠다고 우긴다. 노파와 15분간 만나고 돌아온 그녀는 실망스러운 얘기를 들은 것이 분명하다. 메리 잉그램, 에이미와 루이자 에

시턴이 함께 점을 보고서 깔깔대며 돌아온다. 점쟁이 노파가 자기들의 일생에 관해 자세히 아는 데 큰 감명을 받은 것 같다. 마지막으로 점쟁이는 제인의 운명을 점쳐주겠다고 한다. 제인은 겁을 내지 않고 흥미로워한다.

제인이 서재로 들어가자 집시 노파는 안락의자에 편안히 앉아 있다.

노파는 벽난로 앞에 앉아서 기도서 같아 보이는 책을 읽고 있다. 집시 늙은이는 제인이 아니라고 힝변하는데도 불구하고, 그녀가 춥고 병들고 어리석다고 하면서 행복에 아주 근접해 있으며, 앞으로 조금만 나아가면 축복을 받을 것이라고 예언한다. 이내 집시의 말은 제인을 꿈같은 상태에 휩싸이게 만들고, 그녀는 그 노파가 자기 마음속의 비밀을 잘 알고 있다는 사실에 놀란다. 그리고 로체스터가 보이는 것만큼 부자가 아니라고 암시해서 블랑슈의 결혼 희망도 깨뜨려 놓았다고 한다.

집시 노파는 제인의 특성을 하나하나 읊어내려 간다. 그 목소리는 도도하게 이어지다가 결국 로체스터의 목소리가 된다. 제인은 그에게 변장한 것은 온당치 않다고 말한다. 그러면서 그레이스 풀이 점쟁이로 가장한 것으로 생각했다고 한다. 방을 나서려던 제인이 로체스터에게 메이슨이 온 것을 알리자 눈에 띄게 당황한다. 로체스터는 메이슨이 자기에 관해 심각하거나 은밀한 이야기를 했을까봐 우려한다. 그날 밤 늦게 제인은 로체스터가 쾌활하게 메이슨을 자기 방으로 안내해 들어가는 소리를 듣는다.

: 풀어보기

인물탐색 이 장에서는 블랑슈 잉그램의 좋지 않은 처신이 더 많이 드러난다. 예를 들어, 그녀는 '심술궂은 반감'을 드러내며 아델르를 한쪽으로 밀친다. 그리고 제인을 대하는 태도 역시 그에 못지않다. 그녀는 제인이 곁을 지나가며 자기 옷자락을 스쳤다고 꾸짖으면서 '마치 너무 천해서 볼 가치도 없는 것으로부터 눈을 돌리듯이' 제인에게서 시선을 돌린다. 제인은 블랑슈가 셀린느 바렝처럼 진실성이 없고 화려하기만 하기 때문에, 열등한 여자의 전형이라고 결론짓는다. 그녀의 마음은 메마르고 초라하고 로체스터가 찾고 있다는 '신선함'이나 '순결함'이 결여되어 있다. 제인이 여자들에게서 찬양하는 성품은 힘과 열정과 친절, 분별력 따위다.

이 장에는 많은 예언적 사건이 들어 있다. 샤레이드는 결혼과 구속을 연결함으로써 일생을 실성한 여인과 살아가는 로체스터의 결혼 생활을 암시한다. 로체스터는 자신이 꾸민 연극의 '브라이드웰' 감옥에 갇힌 형국이다. 메이슨의 방문도 변화를 예고한다. 메이슨의 멍한 눈이 싫어진 제인은 그를 로체스터와 비교하면서, 그들이 수컷 거위와 독수리처럼 다르다고 생각한다. 메이슨이 그렇게 보이는 이유는 이국적이기 때문이다. 최근에 서인도제도에서 돌아온 그는 열대지방의 열기로 인해 무기력해진 것 같다. 메이슨은 이 소설에서 중심적인 역할을 하게 될 것이며, 그의 존재는 외국인들이 얼마나 멸시당하는지를 보여주는 예가 된다.

집시 여인으로 가장한 로체스터는 성별과 계급적으로 열등한 두 가지 역할을 한다. 먼저 그는 자기 집에 들어오는 것을 거부당한다. 제인은 그를 '주인어른'이 아니라 '할머니'라고 부른다. 많은 비평가들은 로체스터와 제인의 관계가 평등과 독립이 모호해지는 특징을 갖는다고 주장한다. 예를 들어, 그들이 처음 만났을 때, 로체스터는 말이 있는 곳으로 가기 위

해 제인에게 의지한다. 집시 여인으로 가장한 그는 성별의 경
계를 허물고, 나아가 자신과 심령적인 지식을 결부시킨다.

　　점쟁이로 가장한 로체스터는 붉은 망토를 입음으로써
이 소설의 다른 이미지와 결부되어, 자신이 열정적인 요소와
결합되어 있음을 보여준다. 두 사람의 계급적 차이를 감안하
면, 로체스터는 제인에 대한 감정을 분명한 말로 밝힐 수 없고
얼굴처럼 위장해야 한다. 그의 말이 보다 쉬워지면서 그는 제
인의 마음속 비밀을 좀더 직접적으로 밝히게 되고, 역설적으
로 그것이 제인을 현실이 아닌 꿈의 상태로 이끌고 간다. 그녀
는 집시 여인의 이상한 이야기가 자기를 '얽히고설킨 신비 속
으로 빠져들게 한다'고 말한다.

인물탐색 로체스터의 거의 초자연적인 힘이 강조된다. 말로써 제
인의 주위를 마법의 거미줄로 덮어씌우는 능력이 그렇
다. 제인으로 하여금 '보이지 않는 요정이 요 몇 주일 동안 나
의 심장 곁에 앉아 그 모든 움직임과 변화를 일일이 기록해 두
지는 않았는지 이상히 여기게' 할 정도로 그녀의 마음을 꿰뚫
어보고 있다. 그는 또한 재산을 노리는 블랑슈의 속마음을 읽
어낸다. 그가 파티에 참가한 남자들의 점을 쳐주지 않은 것에
유의할 필요가 있다.

Chapter 20

 악몽과 같은 밤

　　그날 밤 늦게 제인은 침대에 누워 창문으로 들어오는 달빛을 바라보고 있다. 갑자기 도움을 청하는 외침이 들려온다. 심장을 멎게 하는 듯한 소리다. 제인은 서둘러 옷을 찾아 걸친다. 공포로 몸이 후들후들 떨린다. 파티 참석자들이 모두 복도에 모여 집에 불이 났거나, 강도가 들었나 하고 생각한다. 로체스터가 나타나 하인 하나가 잠결에 가위에 눌려서 낸 소리라고 안심시키고 모두 침실로 돌려보낸다. 제인은 거짓말이라는 것을 알고 있다. 괴상한 울부짖음과 몸싸움 소리가 난 뒤 살려달라는 비명을 들었기 때문이다. 얼마 뒤 제인의 방 문을 두드린 로체스터가 피를 무서워하지 않는다면, 좀 도와달라고 청한다. 두 사람은 함께 비밀에 싸인 3층으로 올라간다.

　　그곳에서 그들은 한쪽 팔에 피를 흘리고 있는 리처드 메이슨을 발견한다. 로체스터는 제인에게 자기가 의사를 데려올 때까지 피를 닦아주라고 부탁한다. 하지만 제인과 메이슨에게 서로 대화를 나누지 말라고 주의를 주면서, 만약 말을 하면, '그 결과를 책임지지 않겠다'고 한다. 제인은 그 방에 있는 섬뜩한 디자인의 옷장을 바라본다. 거기에는 십자가에 매달려 죽어가는 예수 그리스도와 그를 바라보고 있는 열두 제자가 조각되어 있다. 새벽에 로체스터가 의사를 데리고 돌아온다. 의사가 상처를 치료하는 동안, 남자들은 메이슨을 물어뜯고 칼로 찌른 여자에 관해 모호하게 이야기를 주고받는다. 로체스터는 제인을 아래층으로 내려 보내, 자기가 이탈리아인 돌팔이 의사에게서 구한 특수 강심제를 찾아오게 한다. 그 약을 열두어 방울 유리잔에 떨어뜨려 메이슨에게 마시게 한 로체스터는 한 시간쯤 후면 '원기'가 북돋을 것이라고 말한다.

메이슨이 떠난 뒤, 새벽에 제인과 로체스터가 함께 정원을 산책한다. 로체스터는 제인에게 제멋대로 자란 방종한 소년이 먼 외국에서 '치명적인 잘못'을 범한 가상의 이야기를 들려준다. 그는 한동안 방탕한 삶을 살다가, 후에 친절한 사람을 만나 행복하고 순결한 삶을 살아가려 하지만, '단순히 관습적인 장애'가 가로막고 있다. 만약 제인이 그런 처지라면 어떻게 하겠느냐고 묻는다. 죄인의 회개는 다른 사람에게 의지해서는 안 되며, 하느님에게서 위안을 얻어야 한다고 답한다. 그러자 로체스터는 직설적으로 자기가 블랑슈와 결혼한다면, 그녀가 갱생을 가져다줄지 의견을 묻는다. 그는 블랑슈를 '왜장녀', 몸집이 크고 거무스름한 카르타고 여인 같다고 하고는, 덴트와 린과 이야기를 하려고 마구간으로 가버린다.

로체스터는 손필드 저택에 숨겨놓은 비밀을 감추는 것이 어느 때보다 어려워진다. 그의 마음은 집에 대한 묘사에서 잘 드러난다. 제인은 그 집이 '훌륭한 저택'이라고 하지만, 그는 '토굴 같다'고 말한다. 감옥 같다고도 한다. 그녀는 그 집을 아름답다고 보는데, 그는 도금을 진흙으로, 명주 커튼을 거미집으로, 대리석을 '가짜 석판'으로 본다. 제인은 로체스터의 거처 표면 아래 숨겨진 비밀을 알 수가 없다. 평온한 저택 같은 겉모습 뒤에 무시무시한 비밀이 도사리고 있는 것이다. 3층에 있는 이상한 여자가 그 비밀의 주인공이다. 그 비밀이나 범죄는 주인이 물리칠 수도, 통제할 수도 없는 것이다. 로체스터는 그 여인을 통제할 수 없다. 메이슨은 말한다. "그년은 암호랑이처럼 덤벼들어 내 피를 빨아먹었어. 내 심장의 피를 다 빨아먹겠다고 했어." 이런 표현은 그녀가 흉포한 힘과 흡혈귀 같은 성향을 가졌음을 암시한다.

문체 탐색 〈제인 에어〉는 성장소설, 공상소설, 고딕 소설* 등 여러 문학 장르의 기법이 혼재한다. 그런데 20장에서는 고딕적 요소가 지배적이다. 고딕 소설은 흔히 공포나 신비감을 조성하기 위해 멀고 음산한 무대, 불길하고 무시무시한 분위기를 이용한다.

이 장에서 제인의 언어는 초자연적인 요소들과 신비, 범죄, 비밀, 감정 과잉으로 가득 찬 것들을 통해 고딕적인 분위기를 자아내고 있다. 예를 들어, 비밀에 싸인 저택 3층에 대한 제인의 묘사는 공포감과 신비감을 준다. 그녀는 '비밀의 작은 방', '창백한 피투성이의 사람', '한밤중에 불이 나는가 하면, 이번엔 유혈 사건이 일어나는 불가사의' 등을 말한다. 열두 제자의 엄숙한 모습이 그려진 옷장의 묘사와 유다가 사탄의 모

---

* **고딕 소설**: 18세기 후반부터 19세기 초까지 영국에서 유행했던 괴기, 공포소설.

습으로 변하는 그녀의 상상은 모두 초자연적인 재앙을 암시한
다. 로체스터가 메이슨에게 강심제를 주면서 초자연적인 힘을
발휘하게 될 것이라고 상기시키는 주술적인 능력은 그의 영적
이고 진귀한 힘을 암시한다.

Chapter 21

리드 부인의 죽음

    제인은 꿈에 어린아이를 보는 것은 자기나 친척들 가운데 누구에게 재앙이 생길 징조라는 베시 레븐의 말을 기억해낸다. 제인은 지난 일주일 동안 밤마다 갓난아기 꿈을 꾸었기 때문에 걱정이 된다. 메이슨의 비명을 듣고 잠이 깬 밤에도 아기 꿈을 꾸었다. 우연의 일치인지 모르지만, 외사촌 오빠 존이 죽었다는 소식을 들은 것도 그날이다. 아들의 사망 소식에 졸도했던 리드 부인이 제인을 데려다달라고 한다.

5월 1일 오후 5시에 게이츠헤드에 도착한 제인은 베시의 마중을 받는다. 베시는 둘이 마실 차를 준비한다. 앉아서 옛 이야기를 하는 동안에 제인은 리드 가족에 대한 원한의 불꽃이 마음속에서 꺼져버린 것을 깨닫는다. 그녀는 현관으로 걸어 들어가서 두 외사촌 자매와 재회한다. 일라이자는 키가 크고 금욕주의자처럼 말랐고, 조지애너는 풍만하고 아름답다. 리드 부인을 만나도록 베시가 제인을 안내한다. 부인의 얼굴은 예전처럼 엄숙하고 불안해 보인다. 제인은 외숙모와 화해하고 싶지만, 부인은 아직도 적의를 버리려 하지 않는다. 제인은 자기를 향한 리드 부인의 분노가 어디서 나오는지 알게 된다. 남편 리드 씨와 제인의 어머니가 나눴던 다정한 오누이 관계와 남편이 친자식들보다 제인을 더 귀여워했던 사실에 질투심을 느끼고 있는 것이다.

제인은 시간을 보내려고 스케치를 한다. 일라이자와 조지애너는 그녀의 그림 솜씨에 놀란다. 제인은 그들의 초상화를 그려주겠다고 자청한다. 이 일로 제인과 외사촌 자매 사이의 냉랭한 관계가 깨지고, 조지애너는 그녀를 신뢰하기 시작한다. 일라이자는 하루 종일 바쁘다. 그녀는 어머니가 임종하면, 수녀원에 들어갈 계획이다. 비가 내리는 어느 날, 제인은 2층에 있는 외숙모의 방으로 살그머니 들어간다. 깨어난 리드 부인은 제인에게 삼촌 존 에어가 보낸 편지를 건넨다. 3년 전에 쓴 그 편지에서 삼촌은 제인을 입양해서 재산을 상속해 주고 싶다는 말을 하고 있다. 제인을 너무 미워하고 복수하고 싶은 나머지 리드 부인이 그 편지를 제인에게 전하지 않았던 것이다. 제인은 마지막으로 한 번 더 외숙모와 화해를 시도하지만, 리드 부인은 그녀를 용서하지 않는다. 그날 밤 자정, 그녀는 숨을 거둔다.

21장은 리드 집안 사람들의 변화된 모습을 보여준다. 제인이 떠난 뒤, 그들은 오랜 세월에 걸쳐 무척 많이 변했다. 리드 가의 세 여인은 바람직하지 않은 세 가지 여성상을 보여준다. 일라이자의 금욕주의자 같은 모습과 그녀의 십자가는 그녀의 종교적인 부활을 나타낸다. 하지만 제인은 극단적으로 엄격하고 계획된 일정에 따라 분주히 하루하루를 바쁘게 보내는 일라이자에게서 아무런 '노력의 결과'를 찾을 수 없다. 그녀는 어머니가 임종하면, 수녀원에 들어갈 계획이다. 신앙심이 깊은 듯이 보이지만, 브로클허스트와 마찬가지로 동정심이나 사랑은 거의 외면하고 있다. 냉정한 그녀는 기독교 신앙의 또 다른 부정적인 이미지를 보여주고 있다. 그녀의 일은 모두 자기중심적이고, 어머니의 건강 상태에 관해서도 거의 관심이 없다. 어머니가 죽었는데도 눈물 한 방울 흘리지 않는다. 항상 엄격하고 무표정한 일라이자는 관대하고 열정적인 감정이 지나치게 결여된 성격의 본보기다. 제인의 생각은 "감정에 의해 순화되지 않은 판단이란 너무 쓰고 껄껄해서 인간이 삼킬 수 없다." 제인은 인간적인 즐거움을 건전하게 만끽할 수 있도록 판단과 감정의 조화를 추구한다.

일라이자가 지나치게 판단을 중시하면서 감정이 너무 메말라 있는 데 반해, 조지애너는 정반대로 판단이 없고 감정에만 치우쳐 있다. 일라이자가 금욕주의에 몰두하는 데 반해, 조지애너는 유행을 좇는 데 전념한다. 일라이자는 키가 크고 깡마른데, 조지애너는 가슴이 풍만하고 관능적이다. 허영심 많고 천박한 조지애너는 어머니의 병이나 오빠의 죽음에 아무런 관심도 보이지 않는다. 셀린느 바렝과 비슷한 모습을 한 그녀의 마음은 과거의 파티들에 대한 회상이나 방탕한 생활을 동경하는 데 바쳐지고 있다. 일라이자의 수녀 같은 생활이나 조지애너의 유행을 좇는 경박함, 그 어느 것도 제인에게는 흥미가 없다.

리드 부인도 부정적인 모델이다. 그녀는 용서와 화해를 거부하고, 제인에 대한 나쁜 감정만 끌어안고 살아간다. 제인의 불같던 분노는 꺼졌으나, 외숙모는 죽는 순간까지 제인에 대한 증오를 불태운다. 실제로 로우드에서 발진티푸스가 창궐했을 때, 그녀는 제인이 그 돌림병으로 죽었더라면 좋았을 것이라고 생각한다. 그 적의의 근원은 질투다. 리드 부인은 존 에어와 제인 에어를 멀리 떨어지게 하려고 애썼지만, 존 에어가 이야기 속에 거듭 등장하는 것은 제인의 일생에 미칠 그의 역할 때문이다. 그 역할은 돈과 관계된 것이다.

Chapter 22

고백

제인은 한 달간 게이츠헤드에 머물면서 떠날 준비를 하는 조지애너와 일라이자를 도와준다. 조지애너는 런던에 사는 외삼촌에게, 일라이자는 프랑스 릴에 있는 수녀원으로 가려고 한다. 일라이자는 제인의 독립적이고 근면한 점을 칭찬한다. 제인은 세월이 더 흐른 뒤에 두 자매가 어떻게 되었는지도 알려준다. 일라이자는 한 수녀원의 원장이 되었고, 조지애너는 부유한 상류 사회의 퇴물과 결혼했다. 제인이 리드 가에서 지내는 동안 페어팩스 부인이 편지를 보내 손필드에서 열렸던 파티가 끝났으며, 로체스터는 아마도 블랑슈와의 결혼을 예상하고 새 마차를 구입하기 위해 런던으로 갔다고 알려준다.

제인은 손필드로 돌아가는 것이 이상한 느낌이 든다. 로체스터가 결혼하면, 자기는 어디로 가야 할지 모르겠고, 갑자기 그가 다시 보고 싶어 견딜 수가 없다. 그녀는 뜻밖에도 로체스터가 손에 책과 연필을 들고 좁은 돌계단에 앉아 있는 모습을 발견한다. 그는 제인이 '꿈이나 그림자'처럼 홀연히 나타났다고 놀린다. 그녀는 자기도 모르게 그만, 그와 '함께 있는 곳이 바로 자신의 유일한 집'이라고 고백한다. 집에서는 페어팩스 부인과 아델르, 소피, 리어가 그녀를 따뜻하게 맞이한다. 그녀는 사랑 받는 것만큼 행복한 것은 없다고 단언한다. 그 후 두 주일간 결혼식 준비는 진행되지 않고, 로체스터가 블랑슈를 보러 잉그램 파크로 가지 않는 걸 보

고 제인은 놀라워한다. 로체스터는 그 어느 때보다 행복해 보이고, 제인
도 그 어느 때보다 그를 사랑한다.

22장에서 제인이 다시 한 번 마법적인 존재로 묘사된
다. 실제로 전체 무대가 마법적인 분위기를 띤다. 제인은 걸어
서 손필드로 가는 도중, 하늘에 '마치 불이 나서 대리석 같은
수증기의 장막 뒤에서 성단(聖壇)이 활활 타오르는 것 같았다'
고 회상한다. 로체스터는 제인이 오솔길을 걸어오는 모습을
보고 왜 '보통 사람들처럼' 마차를 부르지 않고, '꿈이나 그림
자'처럼 해질녘에 살그머니 집으로 숨어드느냐고 묻는다. 그
녀가 돌아가신 외숙모 댁에 있다가 온다고 말하자, 로체스터
는 그녀가 '죽은 사람들이 머무는 곳 — 저승'에서 오는 것으로
받아들인다. 그는 용기가 있다면, 제인을 '실체인지 그림자인
지 아니면 요정인지 손으로 만져볼 텐데' 하고 말한다. 그녀를
만지는 건 늪에 가서 파란 도깨비불을 잡는 것 같을 것이라고
도 한다. 그녀가 로체스터에게 런던에 다녀왔느냐고 묻자, "천
리안을 가지고 그걸 알아냈느냐?"고 의아해 한다. 그는 예비
신부에게 더 멋지게 보이고 싶다면서, 요정 같은 제인에게 자
기를 더 미남으로 보이게 할 '마법이나 미약(媚藥)'을 처방해
줄 수 없겠느냐고 말한다. 제인은 '사랑의 눈빛이 필요한 마법

의 전부'라고 생각한다. 그날 저녁 제인이 페어팩스 부인과 아델르와 함께 응접실에 앉아 있을 때, '황금빛 평화의 고리' 같은 것이 그들을 둘러싸고 있는 듯이 느껴진다. 그들의 가정적인 행복이 자기들이 통제할 수 없는 어떤 마법적인 힘에 의해 지배되는 것 같다. 서로 떨어지지 않게 해달라는 제인의 기도로 유도된 보호와 평화를 지켜주는 마법의 고리처럼.

제인만 특별한 힘을 지닌 존재가 아니다. 제인은 독자들에게 로체스터가 자기 속마음을 불가사의할 만큼 정확하게 읽는 능력을 지니고 있다고 상기시킨다. 나아가 행복을 전하는 그의 힘도 마법스럽게 보인다. 그녀가 그를 두고 떠나려고 하자, 어떤 충동이 그녀를 잡는다. "어떤 강한 힘이 나를 돌려 세웠다. 나는 말했다 — 아니 내 내부의 어떤 것이 나 대신 나도 모르게 말했다." 그가 있는 곳은 어디든 자신의 유일한 집이라고 말한 것이다. 이것은 마치 로체스터가 제인에게 감정을 고백하도록 강요하는데, 그녀가 저항할 수 없는 것처럼 보인다. 저승의 힘이 강조되는 이유는 무엇일까? 그러한 초자연적인 요소는 고딕적인 느낌을 더해 주고, 두 연인의 사랑이 일상의 시간과 공간 밖에 존재하는 것처럼 특별하고 신비롭게 보이도록 만든다.

Chapter 23

뜻밖의 청혼

아름다운 한여름 밤이다. 해가 질 때, 제인은 손필드의 정원을 산책하면서 숭엄한 자줏빛이 하늘을 물들이는 광경을 즐기고 있다. 그녀는 창밖으로 흘러나오는 로체스터의 시가 냄새를 맡고 과수원의 더 호젓한 곳으로 들어간다. 이제는 로체스터도 정원에 나와 있다. 제인은 보이지 않는 곳으로 숨으려고 한다. 그가 말을 걸면서 나방을 보라고 부른다. 밤에 로체스터와 단둘이 있는 게 불안하지만, 그 자리를 벗어날 마땅한 구실을 찾지 못한다.

뒤이어 나누게 된 대화에서 로체스터는 마침내 잉그램과 결혼하게 되었으니 제인이 곧 손필드를 떠나야 할 것이라고 말한다. 그는 유머러스하게 잉그램 양을 '안으면 한 아름이 넘는 여자'라고 부른다. 그는 아일랜드의 비터넛 로지에 사는

디오니시어스 오골 부인의 딸 다섯을 맡아 가르치는 가정교사 자리를 알선해 주겠다고 농담처럼 말한다. 두 사람은 밤나무 아래의 벤치에 나란히 앉아 제인이 할 여행에 대해 이야기한다. 로체스터는 제인에 대한 강렬한 감정을 토로하고, 그녀는 그를 사랑하고 있다고 고백한다. 그는 그 자리에서 청혼을 한다. 처음에 제인은 그가 진지하게 말하는 게 아니라고 생각한다. 그러나 그의 얼굴에서 진지함을 알아차리고, 청혼을 받아들인다. 그는 하느님이 결합을 허락하셨으니, 이제는 사회가 자기들 관계를 어떻게 생각하든지 상관하지 않겠다고 선언한다.

번갯불이 번쩍거리고 그들은 비를 맞으며 집 안으로 달려간다. 두 사람은 비에 흠뻑 젖는다. 로체스터가 웃옷을 벗는 제인을 거들어주면서 키스를 퍼붓는다. 제인이 고개를 드니, 페어팩스 부인이 놀라서 하얗게 질린 표정으로 위층에서 내려다보고 있다. 밤 동안 벼락이 쳐서 거대한 밤나무를 두 조각으로 갈라놓는다.

　　23장에서는 자연이 제인의 감정을 상징적으로 모방하고 있다. 제인은 로체스터와 함께 더없이 행복한 시간을 보내면서, "마치 이탈리아의 매일매일이 한 무리의 찬란한 철새들처럼 남쪽으로부터 날아와 앨비언*의 절벽에서 휴식을 취하기 위해 내려앉은 것 같다"고 표현한다. 이 장려한 한여름 저녁에 제인은, 하늘이 '한 산봉우리 위에서 붉은 보석과 용광로의 불꽃이 한데 섞인 것처럼 환하게 불타고 있다'고 본다. 그들의 사랑이 열정적인 것처럼 하늘이 불타오르고 있는 것이다. 하늘은 미묘한 흰 보석이 아니라, 강렬한 붉은 보석 빛으로 작열하고 있다. 열매가 익어가고 꽃이 만발한 세상은 다양한 관능적 즐거움을 내놓고 있다. 구스베리 나무에는 자두만한 열매들이 달려 있다. 들장미, 재스민과 장미는 벌써 그 향기를 저녁의 제물(祭物)로 바치고 있다. 로체스터는 정원 속을 걸어오면서 익은 버찌를 따서 맛본다. 어디선가 나이팅게일의 노랫소리가 들려온다. 이 순간은 물질적인 쾌락과 '향기의 제물'과 이 과수원을 영원히 '떠나지 않을 수 있다'는 제인의 정신적인 기쁨을 결합시키고 있다.

　　그러나 그 세계는 22장 끝부분에 가서 돌변한다. 로체

---

* **앨비언**(Albion) : 영국(England)의 옛 이름.

스터가 청혼을 하던 밤나무가 윙윙대는 바람 속에서 '몸을 뒤틀며 신음하고' 있다. 천둥과 번개가 우르릉 대고 번쩍 한다. 두 사람은 비를 맞으면서 집 안으로 달려간다. 두 사람의 관계는 완전히 무르익었다가 비극적인 시간으로 연결되는데, 그것이 사나운 폭풍우로 상징되고 있다. 밤 동안에 벼락이 떨어져 커다란 밤나무가 둘로 갈라지면서, 곧 제인과 로체스터에게 닥칠 이별을 예고한다.

이 장에서도 앞서 거론한 계급적 차이와 두 사람 관계의 정신적 특성 따위의 주제가 계속 되풀이된다. 로체스터는 처음에 제인과의 대화에서 그녀를 훌륭한 하인쯤으로 취급한다. 그녀는 의무를 다하는 '고용인'이기 때문이다. 그리고는 고용주로서 그녀가 새로운 일자리를 찾도록 도와주겠노라고 제안한다. 제인은 자신의 종속적인 신분을 확인하면서 로체스터를 '주인님'이라고 부른다. 그녀는 '자연스럽고 불가피하게' 그를 사랑하지만, '부와 신분과 관습'이 사랑하는 사람과 자기를 갈라놓는 장벽이 된다고 믿는다. 그녀는 자연스럽다는 말로써, 로체스터에 대한 사랑이 순수하고 어쩔 수 없는 것이기에 계급의 경계를 초월한다. 이와 유사하게 로체스터는 마법적인 어떤 끈이 자신을 제인과 연결시켜주고 있다고 주장한다. 하지만 그녀는 로체스터가 자신의 감정을 노리개로 취급하고 있다고도 생각한다. 어쩌면 자기를 '감정이 없는 기계 같은 자동인형'으로 여기는지도 모른다. '가난하고 미천하고 못생기고 자그마한 여자이기' 때문에 그가 자기를 '영혼도 없고 감정도 없다'고 생각할지도 모르겠다고 말한다. 여기서 제인은 지금 자기가 '관습이나 인습을 매개'로 말하는 것이 아니고, 육신을 통해 말하는 것도 아니며, 자기 영혼이 그의 영혼에게 '동등한 자격'으로 말하는 것이라고 분명히 밝힌다. 이로써 제인은 두 사람의 관계를 물질세계에서 정신세계로 옮겨놓음으로써 평등성을 창조해 간다. 그들의 관계는 로체스터가 이끌고 제인이 따라가는 것이 아니라 '하느님의 발밑에' 나란히 서는 것이다.

Chapters 24, 25

 둘로 찢긴 면사포

　다음날 아침, 잠에서 깨어난 제인은 전날 밤의 일이 그저 꿈이 아니었는지 생각한다. 제인은 딴사람이 된 기분이 든다. 얼굴마저 다르게 보인다. 이제는 못생긴 얼굴이 아닌 것 같다. 페어팩스 부인은 제인의 품행이 나빠진 것으로 생각하며, 아침식사를 하면서 냉랭하고 말이 없다. 그러나 제인은 로체스터가 설명해야 한다고 느낀다. 아델르를 찾아 공부방으로 올라가니 로체스터가 있다. 그는 제인을 보고 '제인 로체스터'라고 부르며 4주 후에 결혼식을 올릴 것이라고 말한다. 제인은 깜짝 놀란다. 결혼식이 실제로 거행될지 믿어지지 않는다. 너무나 큰 행복이라 '동화' 처럼 느껴진다.

　로체스터는 세상이 제인의 아름다움을 인정하도록 만들겠노라고 맹세한다. 하지만 그녀는 자기를 사람의 옷을 걸치고 사람들 앞에서 재주를 부리는 원숭이 같은 존재로 바꿔놓으려 하지 않을까 걱정한다. 약혼 소식을 듣고 페어팩스 부인이 보인 반응이 마음에 걸린다. 페어팩스 부인은 기뻐하지 않고 오히려 제인에게 로체스터와 거리를 두는 게 좋을 것이라고 경고한다. 두 사람의 나이와 신분상의 차이를 걱정하기 때문이다. 그날 제인과 로체스터는 결혼에 필요한 물품들을 구입하기 위해 마차를 타고 밀코트로 간다. 아델르도 함께 간다. 그들은 비단과 보석을 산다. 제인은 '인형' 같은 느낌이 든다. 그녀는 귀가하면 마데이라에 있는 숙부에게

편지를 보내야겠다고 마음먹는다. 자기도 언젠가 두 사람을 위해 쓸 돈을 가질 수 있다는 사실을 알면, 로체스터의 선물을 받는 마음이 좀더 편할 것이라고 생각한다. 그날 저녁 로체스터는 제인에게 낭만적인 노래를 불러준다. 그러나 그녀는 '감상적인 기분'에 빠져들고 싶지 않다. 그녀는 혼인서약을 마친 후까지는 그와 거리를 두기로 마음먹는다.

25장에서는 결혼을 하루 앞두고 모든 준비가 완료되어 있다. 제인은 여행용 가방에 '로체스터 부인'이라고 쓰인 꼬리표를 손수 붙이기가 꺼려진다. 그런 사람이 아직은 존재하지 않는다고 생각하기 때문이다. 그들은 유럽으로 밀월여행을 떠나기 전에 손필드에서의 마지막 만찬을 함께 나눈다. 제인은 식사를 하지 못한다. 그녀는 로체스터가 집에 없던 전날 밤에 일어난 이상한 일을 털어놓는다. 그녀는 잠자리에 들기 전에, 로체스터가 숨겨놓은 선물을 발견했다. 런던에서 주문한 값비싼 면사포였다. 그녀는 그것이 자기를 귀부인으로 바꿔줄 수 있다는 게 믿기지 않는다. 그녀는 잠을 자다가 꿈속에서 어린아이 하나를 만났다. 너무 어리고 약해서 걷지도 못하는 아이가 그녀의 팔에 안겨 울고 있었다. 로체스터는 그녀보다 저만치 앞서서 길을 걸어가고 있었는데, 제인은 아무리 해도 따라잡을 수 없었다. 꿈은 그녀를 손필드 저택으로 이끌었다. 그곳은 '황량한 폐허'가 되어 '뼈대만 앙상한 벽'밖에는 아무것도 없었다. 그녀가 떠나가는 로체스터를 마지막으로 보려고 손필드의 벽을 기어오르는데, 벽이 허물어지면서 안고 있던 아기를 떨어뜨렸다. 잠에서 깨어났을 때, 그녀의 방에 여자 같은 누군가가 들어와 있는 것을 보았다. 도무지 누구인지 알 수 없는 사람이었다. 소름끼치게 '무시무시하고' 흡혈귀 같은 모습의 그 여자는 제인의 면사포를 얼굴에 뒤집어썼다. 이어 거울에 떠오른 모습을 뚫어지게 응시하다가 면사포를 벗더니 두 조각으로 찢어서 던져버리고 발로 짓밟았다. 그리고는 제인의 침대로 걸어와 제인의 얼굴을 뚫어지게 들여다보았다. 그 바람에 제인은 평생에 두 번째로 까무러치고 말았다. 아침에 잠을 깬 제인은 두 조각으로 찢긴 채 방바닥에 널브러져 있는 면사포를 발견하고 어제 일이 꿈이 아니었음을 알게 된다.

로체스터는 제인이 해를 입지 않은 것을 다행으로 여기면서, 문제의 여자가 그레이스 풀이었을 것이라고 말한다. 비몽사몽이던 제인은 그 여자가 그레이스인지 확인하지 못했다. 로체스터는 결혼하고 '만 1년'이 되면 모든 걸 설명해 주겠다고 약속한다. 그리고 그날 밤은 방문을 잠그고 아델르의 방에서 함께 자라고 말한다.

　　제인이 청혼을 수락하자 로체스터는 그녀를 이상적인 사랑의 대상으로 변신시키려는 생각인 것 같다. 그날 아침에 이미 런던의 은행가에게 맡겨둔 가족의 보석을 손필드로 보내 달라는 편지를 보낸다. 제인에게 주기 위해서다. 그는 제인이 공단과 레이스로 된 의상을 입고 값비싼 면사포를 쓰기 바란다. 하지만 그녀는 만약 그런 '무대의상' 같은 옷을 입고 사람들의 눈을 속인다면, 자기 자신을 잃게 될 것이라고 염려한다. 로체스터는 제인을 '아름다운 여인'으로 만들고 싶어할 뿐만 아니라 자신의 '천사'나 '위안자'가 되어주기를 바란다. 제인은 자기는 '거룩한' 존재보다는 그저 자기 자신이 되고 싶다고 주의를 환기시킨다. 여기서 사랑에 대한 로체스터의 접근에 한 가지 결함이 뚜렷이 나타난다. 그는 셀린느 바렝과 블랑슈 잉그램 같은, 재물을 좇는 여자들을 싫어한다고 주장하면서도, 제인을 그러한 부류의 여자로 바꿔놓고 싶어하는 것 같다. 제인은 만약 자기가 그의 요구를 받아들인다면, 그는 곧 자기에게 싫증을 내게 될 것이라고 주장한다. '재주 부리는 원숭이'처럼 주인을 즐겁게 해주려고 우아하게 옷을 차려입고 연기하는 정부(情婦)에 불과할 것이라는 말이다. 제인은 자신의 인격과 독립성을 함께 지키고 싶어한다. 로체스터가 제인에게서 소중히 여기는 것은 유순함이다. 그녀를 자신에게 바람직한 여자로 만들게 하는 그런 유순함. 블랑슈처럼 기가 센 여인은 그런 일이 불가능할 것이다. 그러고 보면 그는 아직도 사랑에 대해 배워야 할 것이 많은 셈이다.

요정에 대한 암시는 계속된다. 로체스터는 아델르에게 제인은 동화 나라에서 온 요정인데, 그녀의 임무는 자기를 행복하게 해주는 것이라고 말한다. 이 환상은 독자들에게 로체스터가 이 결혼을 통해 바라는 가장 큰 소망은 자신을 정화(淨化)하는 것임을 나타낸다. 예를 들면, 유럽에서 자주 가던 곳을 모두 찾아가 과거의 발자취를 더듬으면서, 이제는 천사 같은 제인 덕택에 자신의 과거가 모두 '치유되고 깨끗해졌다'고 알리고 싶은 것이다. 그는 제인을 요정이나 천사로 재창조해 과거의 타락을 마법처럼 지우고, 깨끗한 인생을 새로 시작하려는 환상을 실현시키려 한다.

주제 탐색 하지만 이 환상은 제인에게 무엇을 주고 있는가? 사랑의 여신이나 '인형'으로 축소된 제인은 자신의 미래에 대한 아무런 힘을 가지고 있지 않다. 로체스터의 미소가 황금과 보석으로 치장해 놓은 여자 노예를 흐뭇한 마음으로 바라보며 짓는 술탄의 미소와 같다고 말할 때, 그녀의 이런 생각이 분명히 드러난다. 로체스터는 '이 조그만 영국 아가씨'를 '대터키 황제의 후궁들' 전부보다 더 좋아한다고 말함으로써 제인이 무력하고 단순한 성노예로 전락할 것임을 시사한다. 제인은 노예가 되기보다는 차라리 선교사가 되어, 노예가 된 하렘*의 여자들에게 자유를 설교하겠다고 말한다. 그녀의 이 같은 말―계명된 영국 여자가 노예 상태인 터키의 불쌍한 여자들을 구제한다―은 동방 문화에 대한 유럽중심적인 이해를 내포하고 있지만 영국 여자들 역시 터키 여자들의 처지와 다를 바 없다는 사실도 암시한다. 양측 모두 남성들에 의해 노예 상태가 되어 있다는 것이다. 남자들의 독재가 여자들을 사고력이 있는 독립적인 주체가 아니고 욕망의 대상으로 만들고 있다는 주장이다.

문학적 장치 브론테는 제인이 로체스터의 비밀을 알아내는 26장을 준비하면서 25장을 예언적인 상징과 꿈으로 가득 채우고 있다. 앞 장과 같이, 자연이 다가오는 비극을 반영하고 있다. 바람이 세차고 달은 핏빛처럼 붉다. 이는 넘치는 욕정을 나타낸다. 찢어진 밤나무는 제인과 로체스터의 장래, 즉 임박한 이별과 궁극적인 결합을 동시에 상징적으로 예고한다. 손필드가 폐허로 변한 제인의 꿈은 버사 메이슨의 방화로 불타버린 모습을 미리 보여준다. 비평가들은 제인의 꿈에 나온 아기가 결혼과 출산에 대한 두려움을 나타내는 것으로 보기도 한다. 25, 26장에서는 결혼으로 빚어질 정체성의 상실에 관한 제인의 걱정이 분명히 드러난다. '너무 어리고 약해서 걷지 못하는' 작은 아기 꿈은 독립적인 정체성을 확립할 수 없는, 그녀의 미

---

* **하렘**(harem): 회교국 왕실의 규방.

숙한 자아를 나타낼 수도 있다. 로체스터에게 말을 하려는데 말이 나오지 않고, 따라가려 하지만 발이 떨어지지 않는 것은, 결혼 관계에서 그녀가 아무런 힘이나 발언권을 가질 수 없을 것이라는 걱정을 반영한다.

　　무시무시한 버사 메이슨의 등장도 제인의 삶에 변화가 일어날 조짐이 된다. 비평가들은 면사포를 찢은 이 여자를 제인의 닮은꼴로 보기도 한다. 힘없는 아기가 제인의 무력함을 반영한다면, 버사는 제인의 반항을 보여준다. 버사는 제인에게 한 가지 은혜를 베푼다. 제인은 그 면사포를 좋아하지 않았고, 로체스터가 값비싼 선물로 자기를 변화시키려는 것도 탐탁지 않다. 그 저항이 버사의 행동을 통해 옮겨진 것이다. 버사의 흡혈귀 같은 모습은 로체스터의 활력을 빨아먹지만, 또한 성적인 힘을 가지고 있음을 상징한다. 그녀의 눈에 월경 주기를 상징하는 '핏빛처럼 붉은 달'이 반사된다. 블랑슈 잉그램과 마찬가지로 버사는 로체스터가 통제할 수 없는, 사나움과 성적인 힘을 가진 여자다. 자그마하고 순박한 제인은 이 여인들과 경쟁할 수 없다. 이 장면의 마지막 이미지로서 제인은 아델르와 함께 아델르의 침대 위에 웅크리고 있는데, 제인의 의존적인 신분과 버사의 힘과 성적인 분노로부터 제인을 보호하려는 로체스터의 노력을 강조하는 것이다.

Chapter 26

 "이 결혼은 중혼(重婚)이다!"

제인의 결혼식 날 아침 7시, 신부 의상을 입는 제인을 도우려고 소피가 온다. 제인은 버사가 찢어버린 면사포 대신 손수 만든 황금빛 면사포를 쓴다. 결혼 의상을 차려입고 나니, 평상시의 모습과 너무 달라져 자신이 보기에도 전혀 딴사람 같다. 교회로 마차를 타고 가는 동안 로체스터는 엄숙한 표정이다. 제인은 너무 긴장해서 날씨가 좋은지 나쁜지도 눈에 들어오지 않는다. 그녀는 교회 부근 묘지에 낯선 사람 둘이 서성이는 모습을 목격하는데, 교회 뒤쪽에서도 그들을 보게 된다. 목사가 로체스터에게 제인을 아내로 맞아들이겠느냐고 물으려 할 때, 불쑥, 이 결혼식은 '장애'가 있기 때문에 계속될 수 없다고 외치는 소리가 들려온다. 로체스터는 다른 여자와 결혼했으며, 그 여자가 아직도 살아 있다. 15년 전 자메이카에서 결혼한 크리올* 여자, 버사 앙뜨와네트 메이슨이 바로 그의 아내라는 것이다. 리처드 메이슨이 나타나서 이 사실을 증명하자 로체스터는 중혼하려 했다고 시인한다.

로체스터는 모두가 그의 아내를 볼 수 있도록 손필드 저택으로 앞장서서 간다. 그는 제인의 손을 잡은 채, 3층에 있는 비밀의 방으로 이끌고

---

* **크리올**(Creole) : 서인도 제도, 남아메리카 등의 식민지에서 태어난 백인.

간다. 사람들은 짐승처럼 기어서 앞뒤로 왔다갔다 하는 버사를 발견한다. 짐승의 갈기처럼 거친 머리카락이 얼굴을 덮고 있다. 그 여인은 로체스터에게 달려들어 목을 졸라 거의 질식하게 하지만 결국 그가 여자를 의자에 묶어놓는다.

브리그스는 제인에게 존 에어 숙부가 리처드 메이슨을 급히 결혼식에 보냈다고 말해 그녀를 놀라게 한다. 메이슨과 사업상 관계를 맺고 있던 존 에어는 제인의 약혼을 알리는 편지를 받고, 자메이카로 돌아가는 길에 마데이라에서 체재중이던 메이슨에게 그 얘기를 했다. 병으로 죽어가던 숙부가 영국에 와서 제인을 구할 수 없어, 메이슨을 대신 보낸 것이었다. 모두가 문제의 다락방을 떠나고, 제인은 자기 방으로 들어가서 문을 걸어 잠근다. 그녀의 모든 희망은 사라져버렸다. 이 절망의 순간, 제인은 하느님께 로체스터와 함께 있도록 해달라고 기도한다.

: 풀어보기

　　로체스터의 비밀이 폭로되었다. 앞 장에서 버사는 유령과 같은 존재였지만 이제는 살아 있는 인간으로 등장한다. 버사는 외국인과 여자에 대한 영국인의 두려움을 상징하는 인물이다. 반은 인간이고 반은 짐승인 그녀는 제인의 대역으로 혼인 서약이 가져올 정체성 상실에 대한 분노와 노여움을 나타낸다고 볼 수 있다. 로체스터의 요구에 순종하는 제인과는 달리, 버사는 지배받기를 거부한다. 로체스터와 거의 동일한 신분인 그녀는 건장한 로체스터에게 지지 않을 정도로 '남자 같은' 힘을 가졌지만 결국 의자에 묶이는 신세가 된다. 이는 붉은 방에서 제인이 당한 일과 유사하다. 가야트리 스피백 같은 평론가는, 제인이 정체성을 갖도록 하기 위해 외국인인 버사가 희생된 것이라고 주장해 왔다. 소설가 진 리스는 미치기 전

버사의 자메이카 생활을 그린 〈광막한 바다, 사르가소〉라는 소설을 썼다. 이 두 여류 작가는 버사와의 관계에서 로체스터는 그 자신의 주장처럼 결백하지 않다는 것을 시사한다. 식민주의자인 그는 돈을 벌고 식민지 여자들을 유린하기 위해 자메이카에 갔을 것이다. 19세기에는 남성이 여성에게 거의 완전한 법적인 힘을 가지고 있었다. 그런데 이 힘의 부족함이 버사를 미치게 하는 데 일조했을지도 모른다. 붉은 방에서 제인을 까무러치게 만들었던 것처럼. 비평가들은 〈제인 에어〉가 여성에 대한 사회적 편견을 비판할 뿐만 아니라, 식민주의의 잔인성을 폭로하는 소설이라고 평한다. 앞 장에서 제인은 노예 상태로 사는 후궁들의 반란을 이끌겠다고 말했으나, 여기서는 그녀가 후궁이 될 뻔하고 버사가 저항을 이끈다.

문학적 장치! 이 장에서 브론테가 사용한 얼음 이미지는 앞서 나온 불의 이미지와 대조적이다. 예를 들어, 25장에 나오는 무서운 바람과 핏빛처럼 붉은 달은 제인의 욕정을 상징했으나 여기서는 그런 기운이 모두 빠져나간다. 버사의 붉은 눈과 남자 같은 힘은 광기 어리고 넘치는 욕정을 상징하지만, '열렬하고 기대에 찬' 제인은 사라져버리고, '냉정하고 외로운 소녀'로 되돌아간다. 제인은 자연이 자신의 외로움과 냉랭함을 흉내 낸다고 생각한다. 6월인데도 크리스마스 때의 서리가 내리고, '얼음이 익은 사과를 감싸고, 눈보라가 꽃피는 장미를 짓밟고, 콩밭과 목초지는 얼어붙은 수의(壽衣)로 뒤덮였다.' 온

세상은 제인의 사라진 희망을 동정하듯이 얼어붙고 눈 속에
덮인다. 제인에게는 세상이 부활할 수 없는, 싸늘한 시체 같은
하얀 황무지가 된다.

Chapter 27

  손필드를 떠나다

다음날 오후, 잠에서 깨어난 제인은 무엇을 해야 할지 생각한다. 일단 손필드를 떠나는 것이 그 해답이다. 처음에는 로체스터 곁을 떠나는 것은 상상할 수 없었지만, 그녀 내면의 목소리가 떠날 수 있고, 떠나야 한다고 일깨워준다. 그녀는 자기 방을 나와 로체스터에게 간다. 그는 방문 밖 의자에 앉아 있다. 그는 제인을 서재로 데리고 가서 와인과 음식을 준다. 그는 손필드를 폐쇄하고, 아델르는 학교로 보내고, 제인과 함께 남부 프랑스의 한 빌라로 도피해 '명실 공히' 부부로 사는 것을 구상하고 있다. 제인은 그의 논리를 받아들일 수 없다. 만약 그와 함께 살면 정부 처지가 될 터인데 그렇게 되는 것은 바라지 않는다. 로체스터의 열정적인 성격이 두려운 제인은 하느님에게 도움을 청한다.

로체스터는 제인에게 가족사를 들려준다. 탐욕스런 아버지는 재산을 모두 로체스터의 형 롤랜드에게 물려주었다. 재산이 분산되지 않게 하려는 조치였다. 로체스터가 대학을 졸업하자 아버지는 그를 버사와 결혼시키기 위해 자메이카로 보냈다. 버사는 3만 파운드의 유산을 받게 되어 있는 것으로 여겨졌다. 그녀는 아름다웠다. 블랑슈처럼 훤칠하고 당당한 체구에 위엄이 있었다. 로체스터는 그녀에게 성적 매력을 강하게 느꼈다. 그는 욕정을 사랑으로 오판했고, 미처 그것을 깨닫기도 전에 결혼했다. 신혼여행 후에 버사의 어머니가 실성해 정신병원에 갇혀 있고, 남동생의 정신도 온전하지 않다는 사실을 알게 되었다. 결국 버사의 무절제하고 방탕한 행동이 그녀 자신을 실성하도록 재촉했다. 로체스터는 자살을 생각했지만 버사를 데리고 유럽으로 오기로 결정했다. 아버지와 형이 세상을 떠나 그의 결혼 사실을 아는 사람은 아무도 없었다. 그 후 10년간 그는 사랑할 여자를 찾았으나 정부들밖에는 만날 수 없었다. 이야기를 듣고 난 제인은 로체스터와 함께 살 수 없다는 것을 깨닫는다. 그가 지금 경멸하는 정부들 가운데 한 사람이 될 것이기 때문이다.

그날 밤 제인은 꿈에서 달을 본다. 그 달은 어머니로 변해서 "내 딸아, 유혹에서 몸을 피하거라"고 말한다. 제인은 그 말에 따른다. 그녀는 몇 가지 자질구레한 물건을 챙긴 다음, 20실링이 든 지갑을 거머쥐고 몰래 집을 빠져나간다. 로체스터의 방을 지나며 그곳에서 '일시적인 천국'을 발견할 수 있다는 것을 알지만, 그 생각을 받아들이지 않는다. 손필드 저택을 빠져나온 제인은 멀고먼 여행길에 오른다.

27장에서 제인은 로체스터의 과거, 특히 버사와의 관계에 관해 더 많은 것을 알게 된다. 이 정보의 상당 부분은 무절제한 성적 탐닉에 관한 것이다. 로체스터는 줄곧 자기가 '냉정한' 사람이 아니라고 말하는 것처럼 '불타는 눈길'로 그녀를 삼켜버릴 기세다. 그러한 열정적인 성격이 성급한 결혼과 현재의 문제에 한몫 한 것 같다.

로체스터는 처음 스패니시 타운에 도착했을 때, 버사의

눈부신 미모와 화려하고 사치스런 성격에 흥분한다. 그러나 곧 '교양 없고', '고집 세고', '방탕하고', '정숙하지 않은' 그녀의 실체를 알게 된다. 버사를 통제할 능력이 없었다는 로체스터의 말은 그녀의 성적 탐닉을 암시하는 것 같다. 그녀는 섹스 파트너를 스스로 선택하고, 영국의 도덕규범이 요구하는 일부일처혼(一夫一妻婚)을 거부한다. 로체스터는 버사의 성적 무절제를 비난하면서, 그 자신은 세 명의 정부와 난잡한 성생활에 빠져들었다. 그리고 지금은 제인을 정부로 만들려 하고 있다. 로체스터가 제인이 자기를 다시 '열정이 아닌 욕정'으로 돌아가게 만든다고 비난할 때, 그녀는 이런 일들은 모두 그가 선택한 것이었음을 상기시킨다. 그녀는 그의 열정이 통제되지 않는 것을 느끼고, 그가 자제력을 배우고 좀더 평등한 입장에서 그와의 관계를 이끌어갈 수 있을 때까지 떨어져 있어야겠다고 생각한다.

제인은 로체스터의 침실에서 찾을 수 있는 '일시적인 천국'으로부터 떠나도록, 도덕적으로 옳은 길로 이끌어주는 예언적인 목소리를 듣는다. 이 장이 시작될 때, 달이 하얀 인간 형태의 어머니로 변해 로체스터의 집이라는 가시밭에서 유혹을 피해 달아나라고 지시한다. 그리고 그녀는 그곳을 떠난다. 로체스터를 향한 열정으로 거의 잃어버릴 뻔했던 정체성을 다시 찾기 위한 길이다. 제인은 손필드를 떠나면서 여분의 옷도 준비하지 않고, 몇 가지 자질구레한 물건들만 가지고 간다. 과거를 연상시키는 것은 하나도 가지고 가지 않은 것에 주목하자. 그녀는 서서히 자신을 발가벗겨 무(無)의 상태로 만들어 새롭게 재건할 수 있을 것이다. 그녀의 미래는 이제 '노아의 대홍수가 지나간 후의 세계 같은 완전한 공백'이 된다.

Chapters 28, 29

: 줄거리

리버스 남매와의 만남

이틀 후 마부는 위트크로스라는 곳에 제인을 내려준다. 그녀의 돈이 바닥나 더 이상 멀리까지 태워다줄 수 없다. 어쩌다가 짐 보따리를 마차에 놓고 내려서, 이제는 빈털터리가 되었다. 자연이 제인의 유일한 친척이다. 자연이라는 '만물의 어머니'는 돈을 받지 않고서도 제인을 재워줄 것이다. 그녀는 마른 히스 풀 위에서 하룻밤을 보낸다. 가슴이 찢어지는 기억의 상처로 잠을 이룰 수 없는 제인은 무릎을 꿇고 하느님께 기도를 올린다. 다음날 아침, 다시 위트크로스를 지나 길을 따라 걸어간다. 지칠 때까지 길을 걷던 그녀는 마을을 발견하고 빵 가게로 들어가서 빵이나 일자리를 구걸하지만 아무도 도움을 주려 하지 않는다. 교구목사도 교회를 떠나 마시 엔드라는 곳에 가 있다고 한다. 갑자기 그의 부친이 돌아가셨기 때문이다. 그녀는 어떤 농부를 만나 갈색 빵 한 덩어리를 얻어먹는다.

그날 밤 제인은 숲속에서 편안하게 잠을 자지 못한다. 다음날 먹은 음식은 작은 소녀가 돼지 먹이통에 버리려던 식은 죽 한 그릇이 전부다. 그녀는 황야를 가로질러 가다가 어떤 집의 불빛을 보고 그곳으로 향한다. 사립문을 열고 들어가서 불이 밝혀진 창문을 들여다보니 잘 정돈된 가구와 거칠어 보이는 늙은 여인과 상복을 입은 숙녀 두 사람이 있다. 그들은 오빠 신진이 돌아오기를 기다리고 있다. 다이애너 리버스와 메리 리버스라는 이 숙녀들은 독일어를 연습하고 있다. 제인이 문을 두드리자 늙은

하녀 해너가 나와 그녀를 돌려보낸다. 그러나 두 사람의 대화를 들은 신진이 제인에게 잠자리를 제공한다. 그녀가 '특별한 처지'인 것 같다고 생각하기 때문이다. 리버스 가족은 제인에게 빵과 우유를 제공하고, 밤을 지내도록 한다. 제인은 그들에게 자기를 제인 엘리엇이라고 소개한다.

　　제인은 사흘 밤과 낮을 침대에서 보낸다. 다이애너와 메리 자매는 그녀를 집안에 들이지 않았으면 죽었을 것이라고 생각해 다행으로 여긴다. 그들은 제인을 보면서 훌륭한 교육을 받은 처녀라는 결론을 내린다. 용모에서 '상스럽거나 타락한' 기미를 찾을 수 없기 때문이다. 나흘째 되는 날, 잠자리에서 일어난 제인은 말끔히 세탁해 놓은 자기 옷을 입는다. 그녀는 아래층으로 내려가 부엌에서 해너와 함께 일을 한다. 해너로부터 이 집의 이름이 마시 엔드 또는 무어 하우스로 불리며 리버스 가족이 주인이라는 것을 알게 된다. 그녀는 해너가 가난한 사람을 온당하지 않게 판단한다고 나무란다. 해너는 그녀를 집에 들어오지 못하게 한 것에 대해 용서를 구한다. 두 사람은 서서히 친구가 되어간다. 제인은 리버스 집안이 '유서 깊은' 가문인 것도 알게 된다. 몇 년 전 그들의 부친은 신뢰했던 친구가 파산하는 바람에 많은 돈을 잃었고, 그래서 다이애너와 메리는 가정교사 일자리를 얻어야 했다고 한다. 그리고 리버스 씨는 3주 전에 뇌졸중으로 돌아가셨다고 한다.

제인은 리버스 남매에게 자신의 이력을 조금 털어놓는다. 가정교사 일자리를 떠나게 된 이유는 밝히지 않지만, 그 상황에 대해서는 책임이 없다고 그들을 안심시킨다. 그녀는 제인 엘리엇이라는 이름도 진짜가 아니라고 말해 준다. 신진은 제인이 오랫동안 자기 가족의 도움을 받지 않으리란 것을 알고 일자리를 하나 구해 주겠노라고 약속한다.

제인의 영혼은 어두운 밤에 이른다. 역마차에서 내린 그녀는 입고 있는 옷 이외에 아무것도 가진 게 없는 신세가 된다. 제인은 자아 발견의 마지막 여정이 시작되기 전에, 모든 인간적 연결을 끊고, 정신적 자아를 재발견해 가야만 한다. 어떤 점에서 보면 이 같은 결별은 로체스터를 하느님보다 더 중시한 열정과 중혼 관계에 빠질 뻔한 일에 대한 벌인지도 모른다. 이제 대자연이 제인의 어머니가 되고, 그녀는 이 위대한 어머니의 가슴에서 위안을 찾는다. 제인에게 자연은 '자비롭고 선한' 존재다. 비록 그녀는 버림받은 사람이지만, 자연은 그녀를 사랑하는 안전한 어머니다. 자연과 가장 밀접하게 손잡고 있는 존재가 하느님이다. 제인은 하느님이 어디에나 계시는 것을 깨닫는다. 자연에 가장 가까워진 순간에 "우리는 그분의 무한함과 전능과 어디에나 계심을 가장 분명히 읽을 수 있다." 제인의 하느님은 자연처럼 박애와 동정과 관용으로 가득하다. 제인의 하느님 사랑과 브로클허스트나 일라이자의 심술궂고 지나치게 요구하는 그리스도 사이의 차이는 분명하다. 제인의 하느님은 헬렌 번스의 하느님과 다르다. 헬렌의 하느님은 이 세상보다 천국을 중시하도록 가르치지만, 제인의 하느님은 정신과 물질적인 위안을 동시에 제공하는 이교도적인 성령에 더 가깝다. 제인은 자연 속에서 자연에 의존해 살아가기를 원했으나 그렇게 하지 못한다. 그녀는 먹을 것과 영구적인 안식처를 찾아 인간 사회로 돌아가야 한다. 그러나 황야에서의 경험은 그녀의 상처 입은 영혼을 치유하기 시작한다.

제인이 인간 세계로 가는 길은 험하다. 무일푼에다 더러워진 그녀는 종종 거지로 의심을 받게 되고, 옷을 잘 입은 거지는 '당연히 의심을 산다'는 사실을 알게 된다. 그녀는 '진짜' 거지도 아니고, '진짜' 귀부인도 아니며, 어떤 계급에도 어울리지 않기 때문에 믿을 수 없는 사람으로 여겨져 거부당한다. 해너는 제인을 보고 "아무래도 이상한 여자군. 그렇지 않다면 이렇게 떠들어댈 리가 있나?" 하고 말한다. 해너는 제인이 도덕적인 타락 때문에 이런 처지가 되었다고 볼 수밖에 없다. 어떤 의미에서는 그녀의 말이 옳다. 제인이 로체스터를 모든 영적 관심보다 우위에 올려놓음으로써 제인은 타락했다고도 할 수 있는데, 지금의 여정은 그러한 죄에 대한 속죄 과정이라고 할 수 있다. 이슬이 내리는 황무지에서 밤을 보냄으로써 모든 죄를 씻어버린 제인은 이제 인간 사회로 다시 들어갈 준비가 되었다. 그녀는 황야에 서 있는 집의 창문을 통해 새로운 세계를 발견한다. 제인이 열등의식을 느꼈던 손필드 저택 같은 당당함과는 달리 그 작은 집의 고색창연하면서도 소박한 아름다움은 아늑한 느낌을 준다. 평온하고 지적이며 우아한 다이애너와 메리 자매는 제인이 추구하는 여성상이다. 제인은 그들의 '힘과 선함'에서 위안을 얻는다. 낯선 걸인을 기꺼이 집으로 받아들인 신진의 마음씨는 제인이 흔히 경험하지 못한 동정심을 보여준다. 제인은 현관으로 들어가면서, 이제 자신이 '쫓겨난 사람도 부랑자도 넓은 세상으로부터 버림받은 사람도 아니라는 생각이 든다.' 그녀는 이제 구걸하는 처지에서 벗어나 다시 원래의 태도와 성격을 보여준다. 제인의 어두운 밤이 끝난 것이다. 황야에서 길을 잃었지만 리버스 가족의 위로 속에서 자신을 재발견한 것이다.

제인은 자아 발견을 위한 여행의 마지막 목적지에 도달한다. 그 집이 마시 엔드(Marsh End: 늪의 끝)인 것은 의미심장하다. 이 장은 마시 엔드에 사는 사람들의 성격을 보여준다. 가정부 해너는 이 가족과 30년간 함께 살면서, 다이애너와 메리를 돌보기 위해 부지런히 일하고 있다. 해너는 제인이 돈도

집도 없었기 때문에 대수롭지 않게 대했다고 시인한다. 이러한 편견에 제인은 화를 낸다. 가난은 죄가 아니고, 실제로 그리스도처럼 많은 훌륭한 사람들이 궁핍하게 살았으며, 좋은 기독교도는 가난한 사람들을 거부해서는 안 된다고 일깨워준다. 이 대목에서 제인은 자신이 경험한 절대 빈곤의 정신적인 가치를 인정한다. 그것은 그녀에게서 모든 계급적인 표시를 지워버렸다. 하지만 지금 그녀는 '거지'라는 호칭을 인정하지 않음으로써, 해너와 마찬가지로 먹고 살기 위해 구걸하는 사람들에 대한 편견을 나타내고 있다. 그녀는 겉모습에서 더럽고 어지러운 흔적을 조심스럽게 지움으로써 정체성을 재확립할 수 있었다. 해너에게 가난으로 사람을 판단하지 말라고 하면서도, 그 자신은 외관에서 빈곤의 표시를 지우는 것이다.

제인은 해너를 통해 리버스 집안이 유서 깊은 가문이란 사실을 알게 된다. 다이애너와 메리 자매의 용모와 몸가짐에서 그러한 신분적 배경이 엿보인다. 다이애너는 고집이 세고 메리는 말수가 적은 편이지만, 모두 매력적이고 아름답고 지성적이다. 그들은 템플 선생처럼 제인에게 세련되고 지적인 자극을 주며, 도덕적으로 우월한 여성상을 보여준다. 리드 부인의 변덕과 블랑슈 잉그램의 이기적인 성격과는 대조되는 여성상이다. 신진 리버스의 용모도 도덕적·지적 우월성을 암시한다. 제인의 묘사에 따르면, 그의 얼굴 윤곽은 그리스인 같고 '우뚝 솟은 고전적인 콧대와 흡사 아테네 사람 같은 입과 턱 '

을 가지고 있다. 그의 고전적인 모습은 로체스터의 투박한 용모와 대조적이다. 두 사람은 얼음과 불이다. 신진의 푸른 눈과 상아빛 피부는 얼음을 연상시키고, 로체스터의 검은 머리와 정열적인 성격은 불을 연상케 한다. 제인은 신진의 차분해 보이는 용모 밑에 자리한 불안감과 딱딱함을 발견한다.

Chapter 30

제인, 모턴 학교의 교사로

며칠 후 건강을 회복한 제인은 자리에서 일어나 바깥을 걸어 다닐 수 있을 정도가 된다. 다이애너와 메리와 나누는 대화는 제인에게 활력을 준다. 그들의 가치관과 관심이 제인의 그것과 완벽하게 일치하기 때문이다. 다이애너와 메리는 제인보다 독서를 더 많이 한 사람들이다. 제인은 그들이 빌려주는 책을 열심히 읽는다. 제인이 두 자매를 능가하는 분야는 그림뿐이다. 이 자매에게서 느끼는 친밀감을 신진에게서는 느낄 수 없다. 그가 환자들 심방으로 자주 집을 비우고, 마음을 털어놓지 않고 심사숙고하는 성격을 가졌기 때문이다.

한 달이 흐르고 다이애너와 메리가 남부 큰 도시의 가정교사 자리로 돌아갈 준비를 한다. 제인은 신진이 자기 일자리를 찾았는지 궁금하다. 그는 자신이 '가난하고 하찮은' 사람이라서 보잘것없는 일자리밖에 없었다면서, 원한다면 모턴에서 가난한 소녀들을 위한 학교를 운영할 수 있다고 말한다. 30파운드의 월급에 가재도구가 구비된 오두막 살림집에서 살 수 있다고 한다. 그 집은 바늘공장과 주물공장을 경영하는 갑부의 외동딸 올리버 양이 제공하는 것이다. 초라한 셈이지만, 그 일자리가 주는 독립성과 안전함이 제인의 마음에 든다. 신진은 제인이 곧 사회와 자극을 갈망하게 될 것이므로 모턴에 오래 머물지는 않을 것이라고 추측한다. 하지만 신진 역시, 다이애나가 밝히듯 '마음속에 열병'을 가지고 있기 때문에 곧 영국을 떠날 것이다. 여자들이 이야기를 나누고 있는 방으로 신진이 들어와 존 숙부가 돌아가시면서 재산을 모두 다른 친척에게 물려주었다고 말한다. 예전에 숙부와 아버지가 다투며 반목했는데, 아버지가 재산과 돈의 대부분을 잃은 것은 숙부 탓이었다고 한다.

무어 하우스의 '어둡고 고색창연한' 모습은 제인의 심리와 어울리는 것 같다. 그녀는 손필드의 호사스러움을 떠나 자연적이고 투박한 아름다움으로 가득한 마시 엔드까지 옮겨 왔다. 그녀는 집 주변을 묘사하면서 소박하고 튼실한 느낌을 강조하고 있다. 산에서 내려오는 거센 바람으로 나무들도 '비스듬히 기울어져서' 자라고, 집 부근에는 생명력이 매우 강한 꽃들만 피어난다. 그곳은 '히스가 자라는 황무지와 경계를 맞댄 매우 야생적인 작은 목초지'로 둘러싸여 있다.

주제 탐색 30장에서 제인은 리버스 자매와 자신의 지적인 친근감을 강조한다. 그들과 함께 있으면 학문에 대한 즐거움이 다시 불붙고, 세 여인은 서로의 재능을 함께 나누고 북돋워준다. 다이애너는 제인에게 독일어를, 그리고 제인은 메리에게 그림 그리기를 가르쳐준다. 제인은 여기서도 가정교사 자리의 부조리를 강조한다. 리버스 자매는 유서 깊고 존경받는 가문의 일원이지만, 경제적으로 어려운 처지가 되어 그들의 재능을 온전히 평가할 줄 모르는 부유하고 거만한 가족의 '더부살이'로 일생을 보내야 한다. 상류층 가족에게는 다이애너와 메리의 재능이 요리사나 하녀의 능력과 비교될 것이다. 리버스 가족에 대한 브론테의 묘사는 개인적 경험을 토대로 한 것이라고 믿어진다. 그녀 역시 자기가 경멸하는 가족의 가정교사로 일한 적이 있으며 몸값을 높이고 직접 학교를 열기 위해 외국어를 독학했다. 불행하게도 학교를 운영하려던 시도는 입학 신청자가 한 명도 없어서 수포로 돌아갔다.

　　제인은 리버스 자매는 호의적으로 묘사하지만, 신진에 대한 느낌은 다소 엇갈린다. 그의 내성적이고 심사숙고하는 성향은 불안한 정서를 나타내고, 열렬한 기독교 신앙을 가졌지만 그것이 마음의 평화나 만족을 주지는 못하는 것 같다. 그의 진정한 성격은 설교에서 밝혀진다. 그녀는 그의 설교에서 받은 영향을 정확히 표현할 수 없다. 설교하는 어조는 내내 차분한 편이지만, 긴장된 말은 '엄격하게 억제된 열정'을 지녔다. 그 열정은 사람들의 '마음을 달래주는 부드러움'의 결여와 괴로움을 반영한다. 그의 운명과 우울함은 제인에게 표현할 수 없는 슬픔을 느끼게 한다. 그의 웅변이 절망에서 나온 것이라고 느끼기 때문이다. 제인은 그의 절망을 로체스터와 함께 하는 천국을 잃은 후회와 비교해 본다. 신진은 엄격함에도 불구하고, 아니 어쩌면 그것 때문에 늪지대에서 보낸 무서운 밤에 제인을 안도하게 했던 하느님의 평화를 발견하지 못하고 있다. 그보다는 오히려 가난하고 이름 없는 존재로 살면서, 항상 동경하는 영웅이 되는 길을 찾고 있다. 여기서 다시 로체스터와 그의 차이점이 명백해진다. 로체스터는 열정을 표출하지만, 신진은 열정을 숨기고 '마음속에 열병'을 앓고 있다.

　　존 숙부의 죽음도 중요하다. 눈치 빠른 독자들은 제인도 역시 존이라는 숙부가 있다는 사실을 기억할 것이다. 그는 로체스터의 중혼 음모에서 조카 제인을 구하러 영국으로 오려고 했으나. 병이 심해 오지 못했다. 이 가족들의 관계는 차차 밝혀진다.

Chapter 31

 선교사가 되려는 젊은이

제인이 새 집으로 이사한다. 모턴에 있는 오두막 학교다. 20명의 학생으로 수업이 시작된다. 글을 읽을 줄 아는 아이는 단 세 명뿐이고, 글을 쓰거나 산수를 할 줄 아는 학생은 없다. 몇몇은 얌전하고 배우려고 하지만, 나머지는 거칠고 다루기 어렵다. 제인은 일에 긍지를 느끼기보다는 오히려 퇴보하는 기분이다. 그녀는 이런 느낌은 옳지 않다며 바꾸려고 마음먹는다. 내가 올바른 결정을 했는가, 하고 생각한다. '자유롭고 정직한' 시골 학교 선생님과 로체스터의 정부가 되는 것 중 어느 쪽이 더 좋을까?

누이들의 선물인 수채화 물감 상자, 연필, 종이를 전하려고 찾아온 신진 때문에 제인은 공상을 멈춘다. 그녀는 그에게 새로운 일자리를 얻어서 행복하다고 안심시킨다. 그러나 제인이 만족하지 못하고 있다는 것을 눈치 챈 신진이 자기 속내를 털어놓는다. 자기 역시 성직에 입문한 것을 실수라고 느끼면서, 영예와 명성과 권력을 가져다줄 문필가나 정치인이 되고 싶었다는 것이다. 그러던 어느 날 하느님의 부르심을 들었다. 군인, 정치가, 웅변가의 최고 역량이 필요한 선교사가 되라고. 그는 이제 한 가지 인간적 유대만 끊으면 꿈을 실현하기 위해 인도로 떠날 것이다.

두 사람의 대화는 순백색 옷을 입은 미인 로자먼드 올리버의 등장으로 중단된다. 제인은 신진이 이 '속세의 천사'를 어떻게 생각하는지 궁금하다. 그의 눈에 번득인 불꽃을 보면, 로자먼드를 사랑하는 것이 틀림없다.

29장에서 제인은 해너의 계급적 편견을 지적했지만, 이 장에서는 제인이 농부 제자들에게 애정이 없다는 것을 보여 준다. 그녀가 이 직업을 받아들인 이유 중 하나는 부잣집 가정

교사, 즉 하인이 되지 않기 위해서였다. 그런데 무지한 학생들을 만나게 되자 사회적인 사다리에서 한 단계 내려온 것이 아닌가, 하고 생각한다. 흥미로운 것은 제인이 다시 가정교사가 될 가능성을 잊은 것 같다는 사실이다. 그보다는 오히려 로체스터의 정부로 '마르세유의 바보들의 낙원에서' '비단 올가미'에 매여 사는 것이 좋은지, 아니면 '영국의 건전한 내륙'에서 시골 학교 선생님으로 '자유롭고 정직한 삶'을 살아가는 것이 나은지를 저울질한다. 여기서도 영국적 순결성과 유럽의 부패 사이에 갈등이 생긴다. 즉 영국인들은 사회에서 인정받지 못하는 사랑을 실현하려면 외국으로 가야만 한다. 제인은 제자들을 비난한 데 대해 자책하면서, 그들의 '인간성'도 부자들처럼 훌륭하고, '좋은 가정에서 태어난 아이들 못지않게 그들 마음속에도 타고난 우수성, 세련미, 지성, 고운 마음씨의 싹은 존재할 수 있다'는 것을 잊지 않으려고 애쓴다. 제인의 임무는 그 '싹'을 개발해서 하층 계급 사람들의 예절을 상류층의 바른 행동 규범으로 바꾸려는 것이다. 제인은 5주 전만 해도 버림받은 걸인 신세였는데, 이제 친구와 집과 일자리를 갖게 되어 만족한다고 신진에게 힘주어 말한다.

이 장에서는 신진의 성격을 보여준다. 제인이 추측한 대로 그는 불안과 절망으로 가득 차 있다. 그는 정치인, 문필가, 웅변가처럼 영예와 명성과 권력을 가져다주는 지위를 갖고 싶었지만, 가난하고 하찮은 교구 목사가 되어 있다. 그

해결책은 선교사가 되는 것이다. 제인이 하류층을 향상시키려는 생각을 지니고 있는 것처럼, 그는 인도에서 이교도들의 가치관을 개조하려고 한다. 두 사람 모두 기독교도의 우월성에 대한 영국인들의 믿음을 영속시키려 하며, 상류 계급이 도덕적으로 우월하다는 생각을 확인하고 있다. 예를 들어, 제인은 상류 계급의 결점을 열거하면서도 '세련됨'과 '지성'을 그들과 연결 짓고, '투박함'과 '무지'를 농민들과 연관 짓는다. 신진이 '몇 가지 일거리를 정리하고 한두 가지 감정적 얽힘을 뚫고 나가거나 잘라버리기만 하면' 이곳을 떠날 계획이라고 선언할 때, 그의 냉담함이 극명하게 드러난다. 이 감정적 얽힘은 로자먼드 올리버가 등장함으로써 분명해진다. 그녀는 '앨비언의 풍토가 낳은 가장 아름다운 용모'를 가지고 있다. 로자먼드 올리버는 영국적인 미(美)의 화신이며 신진을 사랑한다. 그러나 신진은 그녀를 거부하고 있다. 그녀의 모습은 천둥번개처럼 신진을 자극해 그녀가 애견을 쓰다듬는 광경을 보면 얼굴이 붉어지지만, 그녀의 미모와 재산에 무릎을 꿇기보다는 '자동인형'처럼 무뚝뚝하게 돌아서고 만다. 영웅적인 삶을 추구하는 야심이 깊숙이 자리한 온갖 인간적 감정을 차단하는 것이다. 그렇다면 그의 종교적 열정은 억제된 성적 감정이 빚어낸 결과인지도 모른다.

Chapter 32

 신진과 로자먼드

제인은 얼마간 아이들을 가르친 후 그들 사이에서 약간의 지적 능력을 발견한다. 그녀는 그들의 빠른 진전에 놀라고, 개인적으로 몇몇 소녀들을 좋아하게 된다. 그들도 제인을 좋아한다. 아이들에게는 문법과 지리, 역사, 바느질을 가르친다. 그러나 지역사회에서 인기가 높아지고 일에 대한 행복감이 커지는데도 밤이면 항상 로체스터를 만나는 이상한 꿈으로 고통받는다. 로자먼드 올리버는 거의 매일 학교를 찾는데, 언제나 신진이 교리문답서를 가르칠 때에 맞춰서 온다. 신진은 로자먼드가 자기를 사랑하는 것을 알고 자기 역시 그녀를 사랑하지만, 천국을 향한 야망을 세속적인 즐거움 때문에 희생시키려 하지 않는다. 로자먼드는 제인이 그림을 그린다는 것을 알고 자기 초상화를 그려달라고 부탁한다.

제인이 로자먼드의 초상화를 그리고 있는데, 신진이 찾아와 월터 스콧 경의 시집 〈마미온〉을 건넨다. 그가 로자먼드의 초상화를 응시하고 있는 동안 제인은 그 초상화의 복제품을 만들어주겠다고 제의한다. 이어 조금 과감해진 그녀는 즉시 로자먼드와 결혼하라고 말한다. 신진은 정확히 15분간 로자먼드에게 굴복해 인간적 사랑의 즐거움에 압도당하는 상상을 한다. 그는 로자먼드를 열렬히 사랑하지만, 그녀는 좋은 아내가 되지 못할 것이며, 자기도 12개월 안에 그녀에게 싫증을 내게 될 것을 알고 있다. 로자먼드는 선교사의 좋은 아내가 되지 못할 것이며, 신진은 자기 목표를 포기할 생각이 없다. 그는 냉혹하고 고집이 세고 야심이 많다. 이야기를 나누던 중, 신진이 갑자기 제인이 가진 종이 위에 적힌 무엇인가를 주시한다. 제인은 그것이 무엇인지 알지 못하지만, 그는 낚아채듯이 그 종이를 들고서 '이상하고' '뭐라 표현할 수 없는' 표정으로 그녀를 바라보더니, 종이의 가장자리를 찢어낸 뒤에 제자리에 놓는다. 그는 "안녕히 계십시오"란 인사를 남기고 나간다.

32장에서 제인과 신진은 짝사랑으로 고통을 받는다. 제인은 '쓸모 있는 존재'가 되어 즐겁지만, 새롭고 안전한 삶에 완전히 만족하지는 못하고 있으며, 억제된 욕망은 밤마다 이상한 꿈으로 나타난다. '다채롭고 마음 설레게 하는, 이상과 감동과 폭풍으로 가득 찬 꿈들'이다. 모험과 사랑이 넘치는 이 꿈들은 종종 그녀를 로체스터에게로 데려간다. 이와 유사하게, 신진의 로자먼드를 향한 '억제된 열병'은 이 '대리석처럼 보이는 사람'의 마음속에서 자라난다. 정치가, 성직자, 시인의 자질을 가진 신진은 어떤 한 가지 정열에 자신을 얽매이게 할 수 없다. "사랑의 안락한 즐거움을 얻기 위해 전도(傳道)라는 전쟁이 펼쳐지는 광막한 싸움터를 포기할 수 없다."

 이 장에서는 현대 생활에서 차지하는 예술의 역할에 대한 작가의 견해를 짧게 풀어낸다. 제인은 월터 스콧의

<마미온>을 읽으며, '근대 문학의 황금기를 살아가던 운 좋은
독자들에게 자주 주어졌던 순수한 작품 가운데 하나'라고 말
한다. 스콧의 시는 낭만주의 시대의 작품에 속한다. 제인이 낭
만주의를 근대 문학의 이상으로 본 것은 놀라운 일이 아니다.
그녀 자신의 이야기도 낭만주의 작품들의 주제와 풍경을 물려
받은 것이 많다. 스콧의 언덕과 황무지, 바이런의 낭만적이고
정열적인 영웅들 따위가 그렇다. 빅토리아 시대에 들어와서는
산업혁명으로 수익성을 중시하게 됨에 따라, 예술가들이 자본
주의 시장에 사로잡힐 위험에 빠진 듯이 보인다. 제인은 독자
들에게 시나 천재는 죽지 않았고 '부귀도 그 양자를 속박하고
살해할 힘이 없다'고 확신시킨다. 자본주의 시대에도 예술은
자유와 힘을 유지할 것이다. "그들은 살아 있을 뿐만 아니라,
권력을 잡고 지위를 회복할 것이다. 그리고 온 세상에 그 신성
한 힘이 충만치 않고서는 너희는 지옥 — 자신의 비천함이라는
지옥 — 에서 살아가리라." 이 말은 근대 사회에서의 예술가의
지위에 대한 작가 브론테의 우려를 나타내는 것 같다. 그녀는
세속적인 오염으로부터 스스로를 지키는 예술의 정신적인 힘
을 열정적으로 토로하고 있다. "예술과 천재는 하늘나라에서
안전한 힘센 천사들이다."

Chapter 33

제인, 거액의 상속녀로

　밖에는 눈보라가 휘몰아치는 가운데 제인은 〈마미온〉을 읽고 있다. 이때 갑자기 문간에 무슨 소리가 난다. 신진이다. 그는 오랫 동안 제인 에어라는 여자에 관한 이야기를 들려주면서, 제인 에어를 찾는 일이 긴급하다는 말로 끝맺는다. 그는 제인의 미술 도구에서 찢어낸 종이쪼가리에서 그녀의 정체를 찾아냈다고 설명한다. 거기에 제인 에어라는 이름이 적혀

있었던 것이다. 모든 사람이 그녀를 찾고 있는 이유는, 마데이라에서 살던 에어 씨가 죽으면서 전 재산을 제인 에어에게 남겼기 때문이다. 이제 그녀는 부자가 되었다. 제인은 2만 파운드나 되는 거금을 상속받게 된 사실에 놀라며 그것을 나눠줄 가족이 있으면 좋겠다고 생각한다.

신진이 떠나려고 할 때, 제인이 에어 씨의 변호사 브리그스 씨가 어째서 그에게 제인의 소재를 문의하는 편지를 보냈는지 묻는다. 신진의 이야기는 이렇다. 자신의 정식 이름은 신진 에어 리버스이고, 따라서 리버스 남매는 제인의 고종사촌이라는 것이다. 제인은 사랑하고 칭찬해 줄 오빠 한 사람과 두 명의 언니가 생겼다고 생각한다. 그녀는 친척을 찾은 것이 진정한 부귀, '마음의 부귀'를 얻은 것이라고 여긴다. 이제 자기 목숨을 구해준 사람들에게 은혜를 갚을 기회가 생긴 것이다. 그녀는 유산을 사등분해 각각 5천 파운드씩 갖기로 결정한다. 그렇게 하면 공평하고, 제인은 가족을 갖게 될 것이다. 신진은 그녀에게 2만 파운드의 돈이면, 상류층이 될 수 있다고 주의를 환기시키지만, 제인은 오히려 사랑을 얻는 것이 더 좋다고 말한다.

이 장은 신진과 제인의 성격 차이를 강조한다. 그는 너무 차가워서 '어떠한 열기도 옮아오지 못할 사람'이지만, 제인은 '뜨거운 불같아서 얼음을 녹이는' 사람이다. 얼음 같은 신진에게는 이성이 감정보다 중요하지만, 불같은 제인에게는 감정이 지배적이다. 신진은 제인 에어의 상속 문제를 언급하면서, 제인이 제일 먼저 왜 브리그스 변호사가 그녀를 찾고 있는지 알고 싶어할 것으로 예상한다. 그런데 그녀는 로체스터의 운명에 더 큰 관심을 보이면서, 그가 유럽에서 타락한 생활로 되돌아갔을까봐 걱정한다. 큰돈을 상속받게 된 것을 알고서는, 만난 적도 없는 숙부의 죽음을 애석해 한다. 돈을 혼자 차지하려 하지 않고, 나눠 가질 친척이 있으면 얼마나 좋을까, 하고 말한다. 세 명의 사촌이 있다는 것은 그녀에게는 커다란 기쁨이다. 실제로 친척을 찾은 축복은 "황금 선물과는 다른, 빛나고 생생하고 마음이 뛰는 축복이었다. 황금도 나름대로 환영할 만한 것이긴 해도 그 무게 때문에 마음이 어둡다." 신진은 제인이 사소한 문제(가족)에 신경을 쓰느라고 중요한 것(돈)은 무시한다고 믿는다. 목사인 그가 사람들을 보살피거나 이해하는 능력이 부족하다는 사실은 충격적이다. 제인은 재산을 나눔으로써 그 돈을 달갑지 않은 부담에서 '삶과 희망과 즐거움의 유산'으로 변화시키려 한다. 제인은 가족을 가장 소중히 생각하는데, 신진은 그녀가 사회에서 차지하게 될 가능성만을 생각한다.

이 장의 끝부분에서 신진은 누이들에 대한 사랑을 표현하면서, 그 근거는 '그들의 진가에 대한 존경과 재능에 대한 상찬(賞讚)'이라고 주장한다. 그리고 제인도 '신념과 지성'을 지녔으므로 누이동생으로 사랑해 줄 수 있을 것이라고 말한다. 사랑에 대한 그의 설명이 얼마나 냉랭한 것인지는 제인이 지닌 가족에 대한 '갈망'과 로체스터에 대한 열정적 관심과 대비된다. 제인의 상속은 다시 로체스터와의 관계로 이어질지도 모른다. 앞서 제인은 결혼 준비를 하면서 로체스터에게 아름다움과 돈과 친척을 줄 수 없다고 걱정했는데, 그 세 가지 가운데 적어도 두 가지는 가진 셈이 되었다. 자랑스러운 친척과 많은 돈. 그녀는 이제 서서히 로체스터와 동등한 지위가 되어가고 있다.

Chapter 34

신진의 집요한 청혼

크리스마스가 돌아왔고, 제인은 모턴 학교의 문을 닫으려 하고 있다. 그녀는 소녀들의 사랑을 받는다는 것에 행복을 느끼며, 일주일에 한 번씩 학교를 찾아오마고 약속한다. 신진은 제인에게 가난한 사람들을 위한 사업에 일생을 바치고 싶지 않은지 묻는다. 그러나 그녀는 다른 사람들을 교화시키는 동시에 자기 삶을 즐기고 싶다. 제인은 곧 도착하게 될 다이애너와 메리를 맞이할 준비를 하기 위해 무어 하우스로 향한다.

신진은 제인이 무어 하우스를 새롭게 단장해 놓은 것에 실망스럽게도 별다른 관심을 보이지 않는다. 그러나 다이애너와 메리는 제인이 애써 준 것에 큰 감사를 표한다. 세 여자는 그 주 동안 유쾌하게 떠들어대면서 즐거운 한때를 보낸다. 신진으로서는 결코 누릴 수 없는 즐거움이다. 그는 로자먼드 올리버가 그랜비 씨와 결혼한다고 누이들에게 말한다. 그 소식이 그의 마음을 흔들어놓은 것 같지는 않다. 제인은 서로 사촌간이라는 사실을 알기 전보다 거리가 더 멀어진 느낌이 든다.

어느 날 제인이 감기로 집에 있는데 신진이 갑자기 그녀에게 독일어 공부를 그만두고 자기가 선교 사업을 위해 공부하는 힌두스탄어를 배우라고 한다. 그는 서서히 제인을 더 많이 지배하려 들면서 자유를 빼앗는다. 그녀는 이 새로운 예속 상태가 달갑지 않다. 그리고 자신이 떠난 후, 로체스터에게 무슨 일이 일어났는지 알 수가 없어 슬픔에 잠긴다. 그런데 신진이 다시 제인을 놀라게 한다. 6주 후에 인도로 떠날 계획인데, 아내로 서 동행해 주기를 원한다는 것이다. 제인은 인도로 가면 몸이 약해 일찍 죽을 것이라고 생각하면서도, 아내가 아니라 동료로서라면 함께 가겠다고 마지못해 동의한다. 하지만 신진은 반드시 결혼해야 한다고 고집한다. 많은 이야기를 나눈 후에도 결혼 문제를 해결하지 못하자, 신진은 2주 동안 청혼에 관해 곰곰이 생각해 달라고 요구한다. 그리고는 청혼 거절은 하느 님을 거부하는 것과 마찬가지라고 경고한다.

이 장에서는 하느님도 인정한 절대적인 신진의 전횡이 두드러지게 나타난다. 브로클허스트가 하나의 '검은 기둥' 같 이 여겨졌듯이, 신진은 '하얀 돌'처럼 '차갑고 육중한 기둥' 같 다. 브로클허스트는 사악하고 신진은 선하지만 똑같이 돌처럼 냉혹하다. 신진의 키스조차 '대리석 같이 '싸늘'하거나 차갑고, 어떠한 온기나 애정에도 따뜻해지지 않는다.

신진의 하느님은 절대 오류가 없는 전사(戰士)이고 절 대자다. 왕이고, 선장이며, 입법자다. 제인은 '동지'로 서, '전우'로서 신진과 함께 인도로 가겠다고 말한다. 그는 '하 느님에 대한' 헌신을 전쟁에 비유해서 설명한다. 하느님의 '깃 발' 아래 제인을 '입대'시키겠다는 것이다. 제인은 "그가 나를 존중하는 것은 병사가 무기를 존중하는 것과 같다"고 말한다.

이런 모든 인용은 신진의 신앙관이 얼마나 격렬한지를 암시한다. 그는 헬렌 번스처럼 하느님 나라를 바라보고 있지만, 하느님을 절대적 복종과 순교자적 연민을 요구하는 전사이자, 폭군으로 만들고 있다. 헬렌 번스는 이 세상에서의 불행을 보상받기 위해 천국의 위안을 추구하지만, 신진은 이승에서의 미천함을 보상받기 위해 하느님 나라의 영광을 추구하는 것이다.

주제 탐색 이 장에서의 결혼에 대한 표현은 그것이 지닌 억압적인 본질을 암시하고 있다. 신진은 아내란 "내가 살아가면서 효과적으로 영향을 미칠 수 있고, 죽을 때까지 절대적으로 이용할 수 있는 유일한 협력자가 되어야 한다"고 주장한다. 그는 완전히 지배할 수 있는 아내를 바라고 있다. 제인은 그의 말에서 제국주의를 확인한다. 그녀는 그의 '부목사'나 '동료'로서는 절대로 '고사(枯死)하지 않을' 자아를 유지할 수 있을 것이다. 하지만 아내가 되면 그의 '일부'가 되어, 항상 사고와 행동을 '억제'당하고, '불꽃'이 감금되어 아마도 버사 메이슨처럼 미쳐버릴지도 모를 일이다. 남편으로서 신진은 그녀 마음속의 사적인 영역을 침범하고, '전사와 같은 행진'으로 그녀를 짓밟아 마침내는 그녀의 정체성을 지우고, 불꽃을 꺼버릴 것이다. 그녀는 저항도 못하고, 껍질만 남은 존재로 전락할지도 모른다. 로체스터나 신진은 순종적으로 보이는 그녀의 성격을 높이 사서 그녀를 자기들의 이상형으로 만들 수 있다고 생각한다. 하지만 그녀의 힘은 그들 두 사람 모두를 능가한다.

Chapter 35

 허공에서 들려온 목소리

다음날 신진은 케임브리지로 떠나지 않고 출발을 일주일 뒤로 연기하고, 그 기간 동안 교묘하게 제인을 응징한다. 제인은 그가 목숨을 구해준 일을 기억하면서, 자기를 손님이라기보다 친척으로 대해 달라고 부탁하며 화해를 시도한다. 그녀는 결혼하지 않겠다는 결심은 변함없으며, 얼음 같이 차가운 그의 냉담함으로 인해 자기가 죽어가고 있다고 덧붙인다. 그러나 그녀의 말은 오히려 증오만 가중시킨다. 신진은 제인이 인도로 가겠다는 약속을 어겼다며 비난한다. 제인은 독자들의 기억에 호소하면서, 정식으로 그런 약속을 한 적이 없음을 확인해 달라고 청한다. 제인은 인도로 가기 전에 영국에서 더 할일이 없는지 확인하고 싶어한다. 신진은 그녀가 로체스터를 생각하고 있는 것이라며, '불법적이고 하느님이 용납하지 않는' 애착을 버려야 한다고 말하고는 산책을 나간다.

다이애너는 신진과 제인이 말다툼한 것을 알아차리고 제인과 의논한다. 다이애너는 제인이 인도에서 석 달도 살 수 없다고 생각하고, 오빠의 청혼을 거절하라고 한다. 그녀 역시 제인을 유용한 도구로만 생각하는 사람에게 얽매이는 것은 미친 짓이라고 생각한다. 그날 저녁식사 시간에 신진이 제인을 위해 기도한다. 그녀는 그의 재능과 웅변적인 힘에 존경심을 느끼면서, 순간 그 영향력에 굴복해 결혼하려는 마음이 생긴다. 신진과 제인을 제외하고는 온 집안이 조용하다. 그런데 갑자기 제인의 온몸에 전기 같은 충격이 흐르는 듯한 느낌이 들면서 "제인! 제인! 제인!" 하고 외치는 로체스터의 목소리가 들린다. 이것은 미신이 아니라 자연이 자기를 중대한 실수에서 구해 주는 소리로 들리면서 비로소 신진의 힘에 맞설 수 있게 된다.

문학적 장치 이 장에서는 신진의 비정함을 계속 보여주고 있다. 그는 "이제 더 이상 인간이 아니고 대리석이다", 그의 눈은 '차갑게 빛나는 푸른 보석 같다', 그의 마음은 '돌덩이나 쇠붙이'로 만들어졌다, 등등. 제인은 그의 냉담함이 로체스터의 분노보다 무시무시하다. 그녀는 독자들에게 묻는다. 이런 냉혹한 사람들이 얼음처럼 차가운 질문에 얼마만큼의 공포를 담을 수 있는지. 그들의 분노가 얼마나 무서운 눈사태를 불러오는지. 그들의 불쾌감이 얼어붙은 바다까지 깨뜨릴 수 있는지. 신진은 눈사태가 일어나고 얼어붙은 바다가 깨지는 것 같은, 예고할 수 없고 통제할 수 없는 자연 현상을 연상시킨다. 신진의 명백한 결점에도 불구하고, 다이애너와 제인은 독자들에게 계속 그가 '착한 사람'이라고 주의를 환기시킨다. 그에 대한 제인의 묘사에서는 그 '착함'이 애매모호하다. 요즘 독자들에게는 선교를 향한 그의 열정이 도덕적으로 의심스러울 것이다. 왜냐하면 그가 하는 일은 식민지 사업에 동참하는 것인데,

식민지 사업이란 원주민에 대한 폭력과 침해가 불가피하기 때문이다. 식민지 사업의 목적은 원주민들을 영국인들의 지도와 계몽을 받는 노예로 삼는 데 있다. 신진의 냉혹성은 식민주의의 잔인함과 이기주의적인 기능을 시사한다. 제인은 신진이 "자신의 원대한 견해를 추구하기 위해서라면 약자의 감정과 주장에 무자비하게 눈감아버린다"고 주장한다. 그가 자신에게 저항할 원주민들에게 가할 피해를 상상해 보라. 제인처럼 그들은 그의 무자비한 이기주의에 의해 '말라죽을' 것이다.

하지만 제인은 마치 자기상실을 바라는 양 이 무자비한 사람에게 마음이 끌린다. 이 장의 끝부분에 가서 그녀는 신진과의 싸움을 중단하고, '그의 의지의 급류에 뛰어들어 그의 존재의 심연 속으로 들어가 내 자신을 잃어버리고 싶은' 유혹을 느끼지만 초자연적인 힘에 의해서 구원받는다. 제인의 삶에서 주요한 변화가 다시 한 번 심령적인 현상의 신호를 받게 된다. 신진의 소망을 받아들이려는 순간, 제인은 전기 충격이 온몸에 흐르는 것 같은, '날카롭고 이상하고 충격적인' 느낌을 받는다. 뒤이어 들려오는 로체스터의 목소리. 그 목소리는 너무나 강력해서 제인은 "네, 가요" 하고 외치면서 방문을 열고 정원으로 달려 나가지만 그의 모습은 보이지 않는다. 그녀는 이것이 악마의 소리가 아니라 자비로운 자연의 목소리, 기적이 아니라 자신을 구하려는 '만물의 어머니' 자연의 목소리라고 믿는다. 제인은 마른 히스 풀 위에 누워서 잠자던 어두운 밤에 경험한 것과 똑같이, 자신을 도와주고 인도하는 아늑한 자연의 위안을 느끼며, 마침내 신진으로부터 독립을 주장할 수 있는 힘과 원기를 얻는다. 이제는 그녀가 '지배력을 발휘할' 때가 온 것이다. 자기 방으로 돌아온 그녀는 기도를 올린다. 신진의 방식과는 다르지만 효과적이다. 제인은 앞서 사랑에 대한 그의 접근법을 거부했는데, 이제는 하느님에게 다가가는 그의 방식도 거부한다. 그는 항상 자기보다 우월한 하느님과 거리를 두고 있지만, 제인은 '성령의 바로 곁에까지 다가갔고, 나의 혼은 감사에 넘쳐 달려가서 그 발밑에 엎드린다.' 반드시 기독교의 하느님이라고 할 수 없는 성령이 그녀에게 신진이 결코 느끼지 못하는 위안과 평화를 준다.

Chapter 36

사랑을 찾아서

제인은 다음날 동틀 녘에 일어난다. 신진은 그녀의 방문 밑으로 종이 쪽지 한 장을 밀어넣는다. 그녀에게 유혹에 저항하라고 일러주는 내용이다. 6월 초하루지만 날씨는 쌀쌀하고 구름이 끼어 있다. 제인은 방 안을 거닐면서 전날 밤의 일을 생각한다. 그것은 환청이었을까? 그것은 바깥세계가 아니고 자신의 내부에서 온 것 같다. 아침식사를 하면서 그녀는 다이애너와 메리에게 여행을 떠나 적어도 나흘쯤 집을 비울 것이라고 말한다. 위트크로스에서 마차를 탄다. 1년 전 손필드에서 올 때 탔던 그 마차.

마차에서 내린 제인은 다시 로체스터의 땅에 서 있다. 로체스터가 너무 보고 싶어, 마차가 서는 곳에서 2마일쯤 떨어진 손필드를 향해 걸음을 재촉한다. 그가 혹시 유럽에 가 있을지도 몰라 걱정스럽다. 사랑하는 여인의 잠을 깨우지 않고 가만히 다가가서 얼굴을 보려고 하다가 그녀가 '죽어서 돌처럼 차갑게 굳어 있는 것'을 발견한 이야기 속의 어느 연인처럼, 제인은 자기 앞에 펼쳐진 광경에 망연자실한다. 손필드가 불에 타서 시커먼 폐허가 되어 있는 것이다. 이 재앙의 배후에는 어떤 사연이 있을까? 궁금해진 그녀는 그 대답을 얻기 위해 역마차 정거장 부근에 있는 로체스터 암스 여관으로 되돌아간다. 그곳에서 버사 메이슨이 지난 가을 집에 불을 낸 것을 알게 된다. 그 사건이 일어나기 전, 로체스터는 은둔자처럼 두문불출했다. 마치 그가 미친 것 같았다. 화재가 났을 때, 그는 하인들을 구하고 나서 버사를 구출하려고 했지만 그녀는 손필드의 지붕 위에서 땅으로 뛰어내렸다. 로체스터는 그 화재로 시력과 한 손을 잃었고, 지금은 펀딘에서 존과 메리 두 하인과 함께 살고 있다.

 이 장에서는 손필드의 비극적인 종말과 함께 긴장감이 고조된다. 제인은 위트크로스에서 역마차에 오르면서

1년 전과 상황이 크게 변했다고 생각한다. 그때는 '쓸쓸하고 절망적이며 목적이 없었다'. 지금은 그녀에게 친구와 희망과 돈이 있다. 그때는 마차를 타기 위해 가진 돈을 몽땅 털었지만 지금은 돈을 걱정할 필요가 없다. 손필드에 도착하자 제인은 이곳의 풍경과 모턴의 풍경이 다른 것을 지적한다. 손필드는 온화하고 초록으로 덮여 있으며 목가적이지만 모턴은 황량하다. 손필드는 자기가 잘 아는 '언젠가 만난 낯익은 사람 같은' 친밀한 모습을 하고 있다. 여기서 손필드를 위안을 줄 아름다운 곳으로 생각한 제인의 꿈과 그 꿈이 짓밟히며 황폐한 폐허로 변한 현실 사이의 대조를 눈여겨보자. 상류 계급의 세계관은 우아하고 조용한 겉모습 아래 끓고 있는 숨겨진 욕정을 알아차리지 못한다. 손필드에서 불붙은 그런 욕정은 마침내 불꽃을 튀기면서 그 집을 불태워버렸다. 로체스터의 침대에 불이 붙은 일은 그저 전주곡에 지나지 않았다. 제인의 꿈이 또다시 현실로 드러남으로써 그녀의 심령적인 힘이 재확인된다.

로체스터 가의 저택을 잿더미로 만들고, 그것을 '쓸쓸한 황무지'로 남겨놓은 욕정은, 제인의 입을 빌린 이야기에서는 버사 메이슨이라는 여인에게 집중되고 있다. 제인은 이 지나친 욕정에 관한 이야기에서 자신의 역할을 인정하려 들지 않는 것이다. 그런데 여관주인은 나이 어린 여자 가정교사에 대한 로체스터의 저항할 수 없는 사랑에 관해 이야기해 주려고 애쓴다. 여관주인은 그것을 두고 중년의 위기라고 말한다.

"그 나이의 신사분들이 젊은 아가씨와 사랑에 빠지면 가끔 마귀에 홀린 것처럼 되죠." 그러나 그녀는 그 부분의 이야기는 다음에 하자며 말을 막는다. 중년의 위기라는 일반적인 현상의 한 본보기로서, 제인과 로체스터의 사랑은 그 로맨틱한 힘을 조금 잃고 있다. 더구나 제인은 손필드의 비극적 종말과 자신을 연관시키고 싶지 않다. 그래서 버사 메이슨이 속죄양이 된다. 비평가들은 버사를 로체스터의 성적 충동의 추악한 상징이라고 보거나, 제인의 화신으로 고아 소녀의 분노와 억압된 모습으로 보기도 하고, 제인을 구하기 위해 파멸된 속죄양으로 풀이하기도 한다. 버사는 손필드에 방화를 할 때, 먼저 자기 방 옆방의 벽걸이에 불을 지르고, 다음에는 제인의 침대에 불을 붙였다. 그녀의 분노가 연적(戀敵)에 대한 질투에 쏠렸던 것 같다. 그녀는 마지막 반항으로써 손필드의 지붕에 올라서서 '흉벽 위로 두 팔을 흔들면서 1마일 밖에서도 들릴 정도로 고함을 질렀다'. 그녀의 길고 검은 머리가 '불빛을 배경으로 휘날리고 있었다'. 그 불은 버사의 힘을 표현한다. 그녀는 힘차고 체구가 크며 사치스럽고 관능적이다. 여관주인이 묘사한 '귀엽고 자그마한 어린아이 같던' 제인과는 대조가 된다.

로체스터는 제인을 정부로 만들 뻔한 죄값을 치른 것이 분명하다. 제인이 손필드를 떠난 뒤, 그는 '사납고', '위험하게' 변했으나 하인들을 구하고 미친 아내까지 구하려고 애씀으로써 자신을 되찾는다. 여관주인의 말로는 그가 용기와 인정 때문에 부상을 입었다고 한다. 제인은 일관되게 신진을 냉담하고 지배적이라고 묘사하는 한편, 로체스터를 인정과 보살핌의 본보기로 그리고 있다.

Chapter 37

순결한 삶의 맹세

제인은 숲속 깊이 파묻혀 있는 펀딘 저택으로 달려가 그 건물을 바라보고 있는데, 천천히 현관문이 열리더니 비가 내리는지 알아보려고 로체스터가 한 손을 밖으로 뻗친다. 제인은 그의 몸은 변하지 않았으나 얼굴이 '절망과 수심에 잠긴 것 같았다'고 말한다. 로체스터가 안으로 들어간 뒤, 제인이 문을 두드린다. 늙은 하녀 메리는 늦은 밤 외딴 곳에 제인이 나타난 것을 보고 깜짝 놀란다.

메리가 촛불과 물 한 잔을 쟁반에 받쳐 로체스터에게 가져가려고 한다. 제인이 자기가 하겠다고 나선다. 거실로 걸어 들어가자, 로체스터의 애견 파일럿이 제인을 보고 흥분하여 달려드는 바람에 하마터면 쟁반을 떨어뜨릴 뻔한다. 로체스터는 무슨 일인지 궁금하다. 그는 제인이 방 안에 함께 있다는 것을 알아차리고, 처음에는 육체가 없는 목소리뿐이라고 생각한다. 다음 순간 그는 그녀의 손을 움켜잡고 품안에 껴안는다. 그녀는 자신이 나타난 것이 꿈이 아니라고 안심시키면서 영원히 함께 있겠노라고 약속한다.

다음날 아침, 함께 숲속을 거닐면서 제인은 로체스터에게 헤어진 이후 1년 동안 경험한 일을 들려준다. 로체스터는 신진 리버스를 질투하면서 제인이 미남 사촌과 사랑에 빠졌을 것이라고 믿는다. 제인은 냉정하고 독선적인 신진을 사랑할 수 없었다고 말한다. 그는 제인에게 청혼하고,

그녀는 기꺼이 받아들인다. 로체스터는 제인을 정부로 만들려고 한 일에 대해 사과하고, 지금은 그 생각을 후회한다고 말한다. 그리고 사흘 전 날 밤에 실의에 빠져 미친 듯이 제인의 이름을 불렀는데, 그녀가 대답하는 소리를 들은 것 같았다고 밝힌다. 제인은 자신이 겪은 비슷한 경험에 관해 입을 다문다. 쇠약한 그를 당혹스럽게 하고 싶지 않기 때문이다. 로체스터는 하느님의 자비에 감사하고, 이제부터는 순결한 삶을 살겠다고 맹세한다.

　제인은 마지막 목적지인 펀딘 저택에 도착한다. 펀딘에

대한 그녀의 설명은 한적함을 강조하고 있다. 그곳은 살기에 적합하지 않고 건강에 좋지 않은 숲속 깊은 곳에 자리 잡고 있다. 이 소설의 앞부분을 되돌아보면, 로체스터는 버사의 죽음을 재촉하고 싶지 않아 그녀를 펀딘으로 보내지 않았던 것을 알 수 있다. 건물을 둘러싸고 있는 숲이 너무 짙게 우거져 어둡고 음침해서 마치 요정 이야기의 나라에서 길을 잃은 것 같다. 제인은 촘촘히 들어선 나무들 사이로 열린 길을 간신히 찾아낸다. 이곳에서 로체스터는 이 소설의 전반부에서 동경했던 '개인적인 섬' 같은 보금자리를 만든다.

문체 탐색 제인은 로체스터가 전에 그녀를 지칭하던 말로 그의 처지를 그리고 있다. '학대받는 새', '새장에 갇힌 독수리'. 이제 그들의 위치가 바뀐 셈이다. 제인은 자유롭고, 그는 족쇄가 채인 신세나 다름없다. 그들의 첫 대화에서, 제인은 "저는 이제 독립했고, 돈도 많아요. 제가 제 주인이에요" 하며 독립성을 강조한다. 전에 로체스터는 제인을 하나의 물건, 자기 소유물로 대했지만, 이제는 독립된 주체로서 받아들인다. "이젠 좋은 옷이니 보석 따위엔 신경 쓰지 맙시다. 그런 건 아무 가치가 없어요." 로체스터도 완전한 배우자가 되려면, 제인처럼 죽음의 그늘이 드리워진 골짜기를 지나가야 할 필요가 있다. 지나친 열정과 남성적인 힘은 순화되어 이상적인 남편이 되어야 한다. 로체스터는 제인보다 더 괴로움을 받고 있다. 불구자이고, 완전히 고립되어 있으며, 그의 죄가 제인보다 크기 때문이다. 실제로 평론가들은 버사와 로체스터는 제인이 정체성과 독립을 얻기 위해 발휘된 힘의 희생자로 볼 수 있다고 지적한다. 두 사람의 관계에서 제인이 위협받지 않도록 하기 위해 버사가 목숨을 잃고 로체스터는 시력을 잃었다는 설명이다.

펀딘의 고립된 환경에 숨어 사랑하는 두 사람은 정신적인 고립도 이룬다. 제인은 자기를 정부로 삼으려고 기도한 죄에 대해 로체스터가 속죄한다는 것을 강조하지만, 그녀는 또한 독자들에게 두 연인 사이에 텔레파시를 통한 유대가 있었음을 상기시킨다. 이 심령적인 공감(共感)이 제인으로 하여금 로체스터의 외침을 듣게 하고, 로체스터가 바람 속에서 제인의 대답을 듣도록 만든다. 실제로 그는 그녀의 대답이 산으로 둘러싸인 어느 곳에서 오는 것이라고 직관적으로 정확히 알아낸다. 그녀는 이 놀라운 우연의 일치를 로체스터에게 설명할 정확한 말을 찾지 못한다. 작가 브론테는 두 사람의 정신적 친화를 강조하기 위해 심령적인 유대를 강조하지만, 평론가들은 지나치게 우연의 일치에 의존한다고 평한다.

Chapter 38

 **: 줄거리**   더할 수 없는 행복

로체스터와 제인은 마침내 조용한 결혼식을 올린다. 결혼 직후에 그녀는 리버스 가족에게 편지를 보내 그 동안의 일을 설명한다. 다이애너와 메리는 결혼을 찬성했지만, 신진으로부터는 답신이 없다. 제인은 아델르를 잊지 않고 학교로 찾아간다. 안색이 창백하고 말랐으며, 행복을 느끼지 못하는 것 같아 제인은 더 자유로운 학교로 전학시킨다. 아델르는 상냥하고 마음씨 착한 처녀로 성장한다.

이 이야기를 쓰고 있을 때, 제인은 결혼한 지 10년이 된다. 그녀는 말로 표현할 수 없을 만큼 축복을 느낀다. 그녀와 로체스터가 서로를 너무 사랑하기 때문이다. 2년간 로체스터는 실명 상태였지만 서서히 시력이 되살아나 첫 아들의 모습을 볼 수 있게 된다. 다른 등장인물들의 운명은 어떻게 되었을까? 다이애너와 메리 리버스는 결혼했다. 신진은 아직도 인도에서 선교사로 일하고 있으나 죽음이 멀지 않다. 소설은 그의 말로 끝을 맺는다. "아멘, 주 예수여, 임하소서."

: 풀어보기

이 작품은 전형적인 빅토리아 시대 소설의 특징을 반영

해 해피엔딩으로 끝난다. 제인에게 착하게 대한 등장인물들은 모두 보상을 받는다. 다이애너와 메리 리버스 자매는 사랑하는 사람과 결혼한다. 어머니의 결함을 물려받지 않고 성장한 아델르는 제인의 좋은 친구가 된다. 아델르에 관해 제인이 마지막으로 던지는 민족주의적인 논평에 주목하자. "건전한 영국식 교육이 그 애의 프랑스적인 결점을 크게 바로잡았다." 오로지 영국식 생활양식을 통해 아델르는 자기 어머니의 비극적인 결점—물질주의와 음탕함—을 피할 수 있었다는 얘기다. 그것은 이 소설이 외국 여성들과 연결시키는 특성이다. 로체스터와 제인은 완벽해 보이는 결혼을 통해 재결합한다. 그녀는 이런 말로 부부 사랑을 설명한다. "남편이 내 생명인 것과 마찬가지로, 내가 곧 남편의 생명이다. 나만큼 남편과 가깝고, 나만큼 완전히 남편의 뼈 중의 뼈요, 살 중의 살이 된 여자도 없을 것이다." 그는 신진과의 관계에서 자아를 상실할까봐 두려워했지만, 지금은 로체스터와 하나가 된 것에 완전히 만족하고 있는 것 같다. 이 관계의 차이는 무엇인가? 그녀는 어떻게 로체스터와 자신의 완전성을 유지하는가? 먼저 그의 장애를 통해서다. 제인은 그의 '시각'과 '오른손'으로서 남편에 대한 의존감을 유지하고 있다.

　　신진 리버스도 나름대로의 보상을 받는다. 그는 인도에서 '자기 민족'을 위해 열심히 노력하고 있다. 위대한 신앙의 전사인 그는 원주민들을 위해 그들의 '교리'와 '계급제도'의 편견을 무찌르면서, '향상으로 가는 고통스러운 길'을 개척하고 있다. 열렬한 기독교 신앙에 충실한 그는 인도인들을 열등한 종족으로 보고, 그들의 불완전한 마음에 영국적인 가치와 덕성을 심어주고 싶다. 이 소설을 일관하는 기독교 신앙에 대한 제인의 불편함에도 불구하고, 소설은 천국을 동경하는 신진의 말로 끝난다. 그는 주님이 자기에게로 "빨리 가겠다"고 말하고 있다고 한다. 이 말은 로체스터가 들은 "곧 갈게요. 기다려요"라는 제인의 말과 대비된다. 제인의 종교는 여전히 사랑이다. 그녀는 인간관계 속에서 천국을 찾은 것이다.

제인 에어 ○

에드워드 페어팩스 로체스터 ○

신진 리버스 ○

　　독서, 교육, 창작은 제인의 성장에 바탕이 되며, 그녀가 성공에 이르도록 도와주는 요소다. 소설의 첫 장에서부터 마지막에 이르기까지 제인은 〈파멜라〉, 〈걸리버 여행기〉, 〈마미온〉 등의 다양한 책을 읽는다. 이런 책들은 제인에게 불행한 가정 환경으로부터 도피하는 탈출구를 제공하고, 상상력을 길러주며, 현실의 고통을 뛰어넘은 광활한 세계를 마련해 준다. 또한 마음의 귀를 열어줌으로써 자신의 상상력이 꾸며내는 이야기를 듣게 하고, '갈망하지만 실제 삶에서 경험하지 못한 온갖 사건과 생활과 불, 감정을 경험하게 해준다.' 제인은 교육이 자신을 귀부인처럼 행동하게 만들어 신분을 상승시키는 자유를 줄 것으로 믿는다. 학교에서의 성공, 특히 그림 솜씨도 자신감을 키워준다. 그녀는 예술적 창작이 자기 삶에 가장 큰 즐거움 가운데 하나를 준다고 고백한다. 로체스터는 그녀의 그림이 여학생들의 전형적인 그림이 아니라 깊이와 의미를 지녔기 때문에 감명 받는다.

　　예술과 배움 추구가 그녀의 본질적인 성품이지만, 또한 반항을 통해 정체성을 주장할 필요도 느낀다. 소설의 초반부에서 제인은 자신을 '저항하는 노예'라고 하며, 전편을 통해 자신의 행복 추구를 막는 힘에 대항한다. 리드 부인의 공정하지 못한 꾸지람, 그녀를 정부로 삼으려는 로체스터의 기도, 그녀를 선교사의 아내로 삼으려는 신진의 욕망에 저항하고, 로체스터와 사랑에 빠짐으로써, 가정교사인 자신을 '주인님'보다 낮은 신분에 귀속시키는 계급적 경계(境界)에 반기를 든다. 계급에 대한 전통적인 견해를 거부하면서, 여성의 활동을 제약하려는 기도들을 비난한다. 여자들도 남자처럼 활동적인 일과 지적인 자극이 필요하다고 주장한다. 반항의 대부분은 사회의 불평등을 표적으로 삼는 것이지만, 그녀의 성격의 상당 부분은 매우 전통적이다. 가끔은 품위 있는 영국적인 여성의 전형을 보여주고 있는 듯하다. 솔직하고 진지하며 허영심 없는 여성상이 그것이다.

제인의 인격은 사회적 각성과 정신적인 힘의 균형을 취하고 있다. 이 소설에서 제인은 요정, 도깨비, '초록 인간'으로 불린다. 요정으로서의 그녀는 자신을 특별한 마법적인 존재와 동일시한다. 자신을 하녀 베시의 이야기에 나오는 신비한 존재와 연결 지으면서 상상의 세계, 환상과 결부시킨다. 제인의 심령적인 능력은 단순히 상징적인 것만은 아니다. 그녀의 꿈과 환상은 삶에 실제적인 영향을 준다. 예를 들면, 초자연적인 경험, '다른 세계로부터 오는 환상의 알림' 같은 것이 제인의 삶에 극적인 변화를 예고한다. 게이츠헤드에서 로우드로 가게 된 것, 로체스터와의 재회 따위가 그런 일이다. 그녀의 영성(靈性)은 순수 기독교적인 영성이 아니다. 실제로 그녀는 이 소설에 등장하는 많은 기독교도들을 거부하고 있다. 신진 리버스, 일라이자 리드, 브로클허스트 등등. 제인의 하느님은 이들 다수에게는 결여된 특성, 즉 자연처럼 박애, 동정심, 관용으로 가득 차 있다.

ㅇ 에드워드 페어팩스 로체스터

제인이 로우드에서 지낸 생활은 아주 근엄하고 지루하고 조용했지만, 로체스터의 삶은 방종하고 무절제했다. 열정적인 로체스터는 흔히 이성보다는 감성에 이끌려간다. 예를 들어, 그가 처음 버사 메이슨을 만났을 때, 눈부시고 화려하고 사치스러운 그녀는 그의 감성을 뒤흔들어 그들을 비극적인 결혼에 빠져들게 만들었다. 그리고 셀린느 바렝에 대한 욕정에 사로잡힌 그는 부도덕한 행동에 휩쓸리기도 했다. 그는 사회적인 관습을 거침없이 경멸했다. 그런 성향은 제인과의 관계에서도 분명히 드러난다. 그는 그녀와 계급적 경계를 허물고, 마치 '주인이라기보다 친척처럼' 느끼게끔 해준다.

로체스터 역시 제인처럼 거의 영적인 힘과 결부되어 있다. 행복을 전하는 다채로운 능력은 제인에게 마법처럼 보인다. 눈을 쳐다보면서 다른 사람의 생각을 읽는 묘한 능력도 요술과 같다. 그는 집시 점쟁이로 변장해 말로써 제인 주위에 마법의 거미줄을 치고 '보이지 않는 영혼'이 기록하듯 속내를 읽고, 블랑슈의 마음을 들여다보면서 재산을 좇는 사람이라고 단박에 알아낸다. 무어 하우스에 있는 제인을 부르는 외침도 그의 영적 능력을 보여준다.

　　제인을 만난 로체스터는 방탕하고 무절제한 생활을 접고, 신선함과 자유를 찾고 있다. 그의 목표는 제인과의 관계를 통한 자기 변화다. 순진무구와 순수함을 동경하면서 제인이 천사가 되어 자기 인생에 새로운 조화를 이뤄주었으면 하는 것이다. 그러나 그는 새로운 생활에 대한 욕구에도 불구하고 여전히 거짓말과 부도덕의 거미줄에 걸려 있다. 중혼(重婚)을 기도하고, 그 후에는 제인에게 정부가 되도록 설득하려고 한다. 그리고 그녀에게 값비싼 공단과 레이스가 달린 옷을 입혀 '재주 부리는 원숭이' 같은 기분이 들게 만든다. 블랑슈와 셀린느 바렝의 물질주의와 천박성을 비난하면서도 그들을 모방하는 것 같다. 제인의 고상한 남편이 되려면 그런 욕망과 물질제일주의는 절제해야 한다. 버사의 방화로 로체스터가 실명하고 한 손을 잃은 것도 의미가 있다. 방탕한 욕정이 마침내 폭발해 그를 불구로 만든 것을 상징한다. 그는 죽음의 어두운 골짜기를 지나 죄값을 치르고 제인의 완벽한 배우자가 된다.

○ 신진 리버스

　　로체스터가 열정적이라면, 신진은 냉정하고 몰인정하고 억압된 사람이다. 잘생긴 용모는 도덕적·지성적 우월성을 암시하고, 로체스터의 투박한 용모와 대조적이다. 그를 처음 보면 완벽한 사람으로 보이지만, 제인은 곧 온화한 모습 아래

자리한 불안정과 냉혹함을 발견한다. 그녀는 "그는 이제 더 이상 살아 있는 사람이 아니라 대리석 같다"고 말한다. 그의 가슴은 '돌이나 쇠붙이'로 만들어진 것 같다. 차분하고 생각에 잠긴 듯한 모습은 불안정한 성격을 나타낸다. 열렬한 기독교 신앙은 마음의 평온이나 위안을 주지 못하는 것처럼 보인다. 신앙에 대한 감정은 그의 설교에 잘 나타나고 있다. 그것은 '엄격하게 절제된 열망'으로서 그의 비통함과 경직성을 보여준다. 로체스터는 열정을 표출하지만, 신진은 억제한다. 그의 냉철함은 로자먼드 올리버와의 관계에서 가장 잘 나타난다. 그녀를 보면 얼굴을 붉히고 눈에 빛이 나지만, 그녀의 아름다움이나 재산에 굴복하지 않고 오히려 자동인형처럼 되어버린다. 그의 야심은 심오한 인간적 감정을 차단한다. 제인은 그 냉철함이 로체스터의 분노보다 무섭다.

그는 초라한 시골 성직자로 만족하지 못하고 정치가, 시인, 또는 영예와 명성과 권력을 가진 존재가 되고 싶어한다. 그 해결책은 선교사가 되는 것이다. 선교사는 이런 모든 재능이 두루 요구된다. 그가 지닌 기독교 신앙의 약점은 도움이 필요한 사람들에 대한 연민과 관심이 부족한 것이다. 그에게 선교는 즐거움이 아니라 원주민들의 편견과 맞서 싸우는 '전쟁'과 같다. 청혼을 거부한 제인과 벌인 것과 같은 전쟁. 그는 제인에게 인도 선교 사업에 도움을 청하는 대신, 자신이 이끄는 기독교도 용병대에 그녀를 '입대'시킨다고 말한다. 그는 사랑

하는 여자가 아니라, 자신이 좌지우지하고 완전히 소유할 수
있는 여자를 아내로 삼고 싶어한다. 그와 결혼하면 제인의 정
체성은 사라지고, 삶의 열망은 꺼져버릴 것이다. 신진은 자기
목표를 성취해 인도를 누비면서 '전사의 행진'을 한다.

마무리
노트

마르크스주의적 고찰

      이 작품은 그 시대의 사회 계급과 계급 사상을 반영하는 방식에 관해 우리에게 무엇을 말하고 있는가? 〈제인 에어〉는 영국의 엄격한 계급 체제를 그리고 있다. 이 체제는 모든 사람들이 규정된 계급적 지위를 유지하도록 요구했다. 무엇보다 먼저 여기서는 제인이란 등장인물을 통해 이 체제에 균열이 생기고 있음을 말하고 있다. 이 소설은 빅토리아 시대의 영국에서 계급이 서로 뒤섞이고 있는 현상을 보여준다. 이를테면, 가정교사들이 받은 우수한 교육을 근거로, 그들을 상류 계급으로 인정해야 할 것인가, 아니면 가정 내에서 차지하는 하인과 같은 신분을 이유로 하층 계급으로 간주해야 할 것인가, 로체스터와 제인의 관계처럼 다른 계급들과의 관계가 발전하면 어떤 일이 일어나는가, 등등.

      제인의 계급적 모호성이 이 소설의 첫 장에서 분명해진다. 친척 집에 얹혀사는 가난한 고아 제인은 리드 가족으로부터 소외감을 느낀다. 존 리드는 제인에게, "네가 뭣 때문에 우리 책을 마구 꺼내 가는 거야. 넌 군식구래… 사실 너는 비럭질을 할 처지야. 우리 같은 양가집 아이들과 함께 살 처지가 못 돼"라고 말한다. 이 말에서 존은 자기네 가족의 우월성을 내세우면서, 제인은 하류 계급이고 부잣집 자녀인 외사촌들과 평등한 신분으로 연결될 권리가 없음을 암시한다. 무일푼인 제인은 리드 가족에게 의지해 살고 있다. 그녀는 상류 계급과 하인 사이의 어중간한 위치처럼 보인다. 제인은 외사촌 오빠 존을 '살인자', '노예 감독', '로마 황제 같은 폭군'이라고 부르면서 지배 계급의 부패를 강조한다. 그리고 존 리드와 싸운 뒤 자기를 붉은 방으로 끌고 가는 사람들에게 '반란을 일으킨 노예'처럼 저항함으로써, 계급적 신분 때문에 겪는 탄압을 강조한다. 애보트가 제인에게 '어린 주인님' 존 리드를 때린 것을 꾸짖자, 제인은 곧바로 그녀의 용어에 문제를 제기한다. 존이 정말 자기 '주인님'이면, 자기는 그의 하인이냐는 것이다. 제인의 말은 상류 계급의 부패와 심지어 전횡을 강조하면서, 빅토리아 시대 영국의 중류 계급이 도덕적 · 지성적 우월성의 기지(基地)가 되어가고 있음을 독자들에게 보여주고 있다.

손필드에서 겪는 제인의 경험도 이런 메시지를 보강한다. 그곳에 도착한 제인은 페어팩스 부인이 자신의 고용주가 아니라 가정부라는 것을 알고 기뻐한다. 이는 그들이 모두 고용인으로서 평등하게 상호 작용을 할 수 있기 때문이다. 페어팩스 부인은 상급 하인인 자신과 다른 하인들 사이의 차이를 거론한다. 예컨대, 리어와 존은 "그냥 하인일 뿐이에요. 그러니 그 사람들하고는 동등하게 대화해선 안 돼요. 권위를 잃을 우려가 있으니 적당한 거리를 둬야 해요." 가정교사인 제인은 페어팩스 부인과 같은 부류에 들어 있다. 다시 말해 가족의 일원도 아니고, 시중드는 계급의 구성원도 아니다. 다이애너와 메리를 보면, 가정교사의 계급적인 모호성이 특히 잘 드러난다. 그들은 상류층 부모 밑에서 훌륭한 교육을 받았지만, 가세가 기울어 고용주들보다 교육 정도가 높으면서도 그 집의 요리사 정도의 대접을 받고 있다. 빅토리아 시대의 사회는 가정교사와 상류 계급 사이의 경계를 철저하게 지켰으며, 두 집단 사이의 결혼을 실질적으로 금지하고, 여자 가정교사가 성적 매력을 과시하지 못하도록 했다. 흔히 여자 가정교사들은 집안에 위험한 성적 관심을 불러일으킨다는 비난을 받았다. 블랑슈는 가정교사를 '마귀들'이라고 부르고, 잉그램 부인은 남녀 가정교사가 몰래 사귀는 일은 결코 허용되어서는 안 된다고 굳게 믿고 있다. 그러한 관계가 집안에 부도덕한 전염병을 가져오기 때문이라는 것이다.

제인과 로체스터의 관계에서도 역시 계급 문제가 강조되고 있다. 로체스터는 약혼 전에 제인과 대화할 때, 제인을 좋은 하인처럼 다룬다. 그녀는 의무를 다하는 '고용인'이고 자기는 고용주이기 때문에 제인이 새 일자리 구하는 것을 도와주고 싶어한다. 제인은 로체스터를 '주인님'이라고 부르며 종속적인 신분을 인정하고, '재산과 계급, 그리고 관습'이 자기와 로체스터를 갈라놓는다고 생각한다. 제인은 '가난하고, 미천하고, 못생겼고, 조그마하기' 때문에' 로체스터가 하나의 '자동인형'처럼 취급할까봐 두려워하면서, 하류 계급은 마음도 영혼도 없다고 잘못 생각한다.

　　제인은 로체스터의 아내가 되기 전에, 계급에 입각한 마음자세를 가다듬어야만 한다. 자기는 손필드에서의 열등한 지위에도 불구하고 상류 계급 의식을 가지고 있는가? 예를 들어, 베시는 로우드에서 제인을 만나자 제인이 ‘완전한 귀부인’ 같이 되었다는 인상을 받는다. 실제로 그녀의 교양은 외사촌들보다 낫지만, 외사촌들은 오로지 재산을 토대로 제인보다 사회적으로 우월한 것으로 간주된다. 베시와 제인의 대화는 제인 가족의 계급적 모호성과 전반적인 계급제도의 모호성을 동시에 강조하고 있다. 귀부인은 교육적 소양, 돈, 가문 가운데 어느 것을 토대로 판단해야 할까? 이 소설은 제인이 만나는 상류층 대부분의 행동을 비판하고 있다. 블랑슈 잉그램은 오만하고 천박하며, 존 리드는 방탕하고, 일라이저 리드는 몰인정하다. 로체스터는 상류 계급의 타락 가운데 으뜸으로, 일련의 정부들과 놀아났고, 제인을 정부로 만들려고 기도했다. 제인은 버사가 손필드를 불태운 뒤, 손필드에 대해 품어온 아늑하고 아름답고 평화로운 이미지와 폐허로 변한 현실이 뚜렷이 대조됨을 강조한다. 이 차이는 세상을 보는 상류 계급의 시각이 고상하고 평온한 겉모습 아래 들끓는 감춰진 욕망을 붙잡지는 못한다는 것을 강조한다.

　　이 소설에서 제인이 하는 일 가운데 하나는 타락과 교만에 빠지는 상류 계급에 다시 활력을 불어넣는 것이다. 로체스터가 제인에게서 신선함과 순결함을 추구하는 것과 같이,

이 소설은 상류 계급 전반에 중류층의 순수한 도덕적 가치와 엄격한 노동 윤리가 요구된다는 것을 시사한다. 로체스터는 과오를 반성하고, 품위 있고 온화한 남편으로 다시 태어나서 아내의 도덕적·지적인 안내에 의지하게 된다.

융학파적 고찰

심리학자 칼 융*은 '집단적 무의식' 또는 모든 인간의 정신에 나타나는 근본적인 이미지와 관념에 관심이 많았다. 때때로 꿈, 환상, 환각 등의 형태로 나타나는 이런 이미지는 이성적인 설명을 넘어서면서 강렬한 감정을 자극한다. 〈제인 에어〉에서는 현실의 경계가 계속 확대되어 꿈과 환상이 이성만큼 타당성을 가지면서 제인과 로체스터의 영혼 깊숙한 곳까지 접근하게 해준다. 제인과 로체스터의 관계는 초자연적인 요소도 지니고 있다.

이 소설에서는 제인이 '요정'으로 그려지는 때가 많다. 그녀는 붉은 방에 앉아 자기를 '절반은 요정이고, 절반은 꼬마 도깨비인 작은 유령'이라고 생각한다. 요정으로서의 그녀는 자신을 특별한 마법적인 존재와 동일시함으로써 삶에서 상상력이 차지하는 중요성을 독자들에게 상기시키고 있다. 제인

---

* **칼 융**(Carl Gustav Jung. 1875-1961): 스위스의 정신과 의사. 분석심리학의 기초를 세웠다.

의 꿈들은 거의 초자연적인 미래 예언 능력을 가지고 있다. 예를 들어, 로체스터와의 관계를 예언하는 꿈에서, 그녀는 '나아지겠지만 평온하지 못한 바다 위에서 출렁거리고 있다.' 그 꿈은 두 사람의 관계가 험난하고 그녀의 삶에 혼란과 열정을 가져오리란 것을 경고한다. 아기 꿈도 제인의 삶에 고난이 임박하다는 징조다.

제인은 영적 존재일 뿐만 아니라 그녀가 토로하는 이야기도 영적 요소를 가지고 현실과 환상을 뒤섞어놓는다. 우리는 그녀가 붉은 방에 앉아 한 줄기 빛이 벽을 비춘다고 상상할 때, 이런 사례를 처음 접하게 된다. 그녀에게는 이것이 다른 세계에서 오는 환영으로 보인다. 전반적으로 이와 같은 초자연적인 일들이 이 소설에서 중요한 전환점으로 이용되고 있으며, 제인의 삶에 극적인 변화가 있음을 알려준다. 제인이 게이츠헤드를 떠나는 일이 붉은 방에서 겪은 유사 초자연적 경험에 의해 예고되었듯이, 로우드를 떠나는 것도 초자연적인 요소를 보여주고 있다. 새로운 일자리를 찾는 최선의 방법을 생각하는 제인에게 '친절한 요정'이 찾아와서 해결책을 제시한다. 이 영적인 조언자는 매우 구체적인 충고를 해준다. 지방 신문에 회답을 받는 사람 이름을 J. E.로 표시한 광고를 내라는 것이다. 그녀는 조언대로 광고를 내고, 그것이 들어맞아 손필드 저택에 일자리를 얻게 된다.

로체스터는 집시 여인으로 가장해 그 자신을 초자연적

지식과 결부시킨다. 그는 제인의 운명을 점칠 때, 마음속을 들여다보듯 정확히 알아맞히면서 '신비스러운 거미줄' 같은 것으로 감아 꿈같은 상태로 깊이 빠져들게 한다. 마치 '보이지 않는 요정'이 그녀의 심장 곁에 앉아 모든 움직임과 변화를 살피는 것 같은 느낌이다. 로체스터가 메이슨에게 준 미약(媚藥)도 신비한 힘을 발휘해 그의 원기를 되살려준다.

　　브론테는 제인과 로체스터의 만남에 신비성을 부여해 그들을 진실한 연인의 원형처럼 그리고 있다. 제인은 로체스터의 말과 개를 보고 신비한 '지트라시'를 연상함으로써 두 사람의 첫 만남을 요정 이야기 같은 배경에서 이루어지게 한다. 이때 로체스터는 요정이 말에 마법을 걸어 넘어지게 만들었다고 생각한다. 두 사람의 해후도 영적인 요소를 띠고 있다. 제인이 신진의 청혼을 받아들이려고 하는 순간, 그녀는 전기 충격과 같은 '날카롭고 이상하고 충격적인' 느낌을 경험한다. 이어 자기 이름을 부르는 로체스터의 목소리를 듣는다. 그 목소리가 너무 강렬한 나머지 그녀는 "네, 가요" 하고 대답하며 밖으로 뛰쳐나온다. 하지만 정원에서 로체스터의 모습은 찾을 수 없다. 그녀는 이 목소리를 기적이 아니라 자비로운 자연이 보낸 것이라고 믿는다. 이처럼 초자연적인 요소들을 통해 제인과 로체스터의 관계를 일상적인 관계에서 특별한 관계로 승화시키고 있다.

포스트식민주의적 고찰

　　포스트식민주의는 서방 문화가 유럽중심적이기 때문에 유럽적인 가치가 자연스럽고 보편적인 것이라고 하면서, 동방 사상은 열등하고 비도덕적이며 '야만적'인 것으로 본다고 주장한다. 〈제인 에어〉에 대한 포스트식민주의적 연구는 다음과 같은 의문을 검토하는 것으로 시작할 수 있다. 빅토리아 시대의 문화에서 문화적인 차이가 제기되는 방식에 관해 이 소설은 어떻게 보고 있는가? 동방은 '야만적'이고 미개하다고 생각함으로써 영국인들은 그들의 식민 사업을 어떻게 정당화하고 있는가? 이 작품에 나타난 '품위 있는' 영국인의 행동이란 무엇을 말하는가? 이런 의문들에 대한 잠정적인 대답은 이 작품이 그리는 외국 여인, 특히 버사 메이슨에 대한 묘사와 제인과 신진 리버스의 식민주의적 신념을 검토함으로써 찾을 수 있다.

　　이 소설의 식민주의적 목적 가운데 하나는 바람직한 영국 여성의 원형을 창조하는 것이다. 제인처럼 솔직하고 진지하며 허영이 없는 여자가 바로 그 이상형이다. 이 이상은 소설 속의 외국 여성과 자신을 대비해 차이를 뚜렷이 부각시키려는 제인의 노력에 의해 형성되고 있다. 예를 들어, 셀린느 바렝과 딸 아델르는 줄곧 천박하고 속물스럽다는 비난을 받는다. 로체스터는 셀린느 바렝이 자기를 홀려 '영국인의 바지'에서 '영국의 금화'를 빼먹었다고 말한다. 이 말은 영국인인 자기는 순결하고 프랑스인인 셀린느는 교활하다는 것을 강조한다. 이런 생각을 뒷받침하기 위해 제인은 아델르가 '영국인의 마음에 거의 들지 않는' 천박한 성격을 가졌다고 말한다. "건전한 영국식 교육이 그 애의 프랑스적인 결점을 크게 바로잡았다." 오로지 영국적인 생활양식을 통해 아델르는 어머니의 비극적 결함인 천박성과 관능성을 벗어날 수 있었다는 것이다. 제인의 논평은 영국인들이 이웃인 프랑스 사람들과 달리 천박하지 않고 심오하며, 물질적이라기보다 정신적이라는 의미를 함축하고 있다.

　　　그러나 제인의 지위는 로체스터의 지위보다 더 모순된 면을 보이고 있다. 한 여인으로서 그녀는 식민화된 집단의 일원이지만, 영국 여성이기 때문에 식민주의자 가운데 한 사람이 된다. 그녀가 로체스터를 보고, 금과 보석으로 치장한 후궁을 보며 미소 짓는 술탄과 같다고 말할 때, 그녀는 모든 여성들의 식민화된 신분을 강조하고 있는 것이다. 로체스터는 '터키 황제의 후궁들 전부'보다 '한 명의 조그마한 영국 아가씨'를 더 좋아한다고 말하는데, 이는 제인이 결혼 후 무력해지고, 성의 노예로 전락하리란 것을 시사한다. 이에 대해 제인은 노예가 되기보다는 차라리 선교사가 되어 노예 상태로 후궁에 갇혀 있는 여자들에게 자유를 설교할 것이라고 주장한다. 그녀의 논평은 유럽 여성들이 식민화된 사람들이면서, 동시에 식민주의자이기도 한 이중적인 지위에 있음을 말한다. 로체스터는 그녀를 식민화된 '인형'이나 '재주 부리는 원숭이'로 축소시키려는 데 반해, 그녀의 말은 동방 문화에 대한 유럽중심주의적 이해를 나타내고 있다. 그녀는 가난하고 학대받는 터키 여성들을 구원하러 가는 계명된 영국 여성이 될 것이라고 암시한다. 모든 여성은 남성의 성적인 전횡에 의해 노예화되어 있으면서도 영국 여성은 동방의 여성들에 대해 도덕적·정신적 우월성을 가지고 있다고 주장하는 것이다.

이러한 차이는 버사 메이슨에 대한 제인의 묘사에서 강하게 나타난다. 버사의 흡혈귀 같은 모습은 그녀가 순결한 로체스터의 피를 빨아먹는다는 것을 암시한다. 로체스터는 제인에게 스물한 살에 버사와 결혼할 때까지는, 순결했다고 말한다. 자신의 선량함이 야만적인 여인에게 유린되었다는 것이다. 크리올 여자인 버사는 외국인과 여성에 대한 영국인들의 두려움의 표상이 된다. 그녀의 눈에 반사되는 '피 같이 붉은' 달은 그녀의 여성적이고 성적인 잠재성을 암시한다. 버사는 지배당하기를 거부한다. 포스트식민주의적 비평가들은 로체스터가 순결한 사람이 아니라고 암시한다. 다시 말해, 그는 식민주의자로서 돈벌이를 하고 식민지 사람들을 억누르기 위해 서인도제도로 갔다. 로체스터가 버사의 남동생 리처드 메이슨을 다스리는 능력을 제인과 로체스터가 얼마나 많이 강조하는지 주목할 필요가 있다. 로체스터는 버사가 관능적이고 무절제하다며 비난한다. 그는 그녀를 처음 만났을 때, 눈부시게 화려하고 요염한 모습에 끌려 성적 충동을 느낀다. 그러나 나중에 그녀의 무절제가 인디언들의 환각제 때문임을 알게 되면서 그 관능적이고 요염한 매력에 불쾌감을 느낀다.

버사를 통해 나타나는 식민지 주민들의 거칠고 음탕하며 무지한 모습은 신진의 선교사 역할을 정당화시킨다. 즉 '야만적'인 그들은 영국인의 지도와 계몽이 필요하다는 것이다. 신진은 인도에 사는 이교도들의 가치관을 개혁해 영국적인 신념, 기독교에 토대를 둔 도덕과 정신적인 우월성을 영속화시키려 한다고 볼 수 있다. 그러나 신진은 선교 사업을 전쟁으로 생각하기 때문에 그의 추진력은 동정심이나 상호 이해가 아니라 폭력으로 원주민을 휘어잡는 것이다. 신진의 냉담함은 식민주의자의 잔학성과 이기적인 자질을 암시한다. 제인은 신진이 그의 큰 세계관을 추구하기 위해 약자들의 감정과 주장을 무자비하게 무시할 것이라고 말한다. 신진은 여생을 인도에서 '자기 민족'을 위해 열심히 일하며 보낸다. 위대한 전사로서 원주민들을 깨우친다는 명분 아래 고통스러운 길을 걸으면서, 원주민들의 이교도적인 교리와 신분제도의 편견을 무찌른다. 그는 열렬한 기독교 신앙 속에서 결점이 많은 것으로 생각되는 열등한 종족인 인도인들 마음에 영국적 가치관을 심어주기를 바라고 있다.

이 부분은 원작에 대한 이해력을 테스트하는 난입니다. 다음의 세 가지 코너를 차례로 끝내면, 〈제인 에어〉에 대한 포괄적이고 의미 있는 파악이 가능해질 것입니다.

A 빈칸에 알맞은 단어를 써넣으시오.

1. 제인은 (   ) 학교 학생이다.

2. 제인은 사랑하지 않기 때문에 (   )의 청혼을 받아들이지 않는다.

3. 리드 가족과 살던 시절, 제인은 (   )에 갇혀 있을 때 기절한다.

4. 템플 선생은 (   )해서 로우드를 떠난다.

5. 아델르 바렝은 로체스터의 (   )이다.

6. 제인은 (   )가 로체스터의 침대 가까이 있는 커튼에 불을 질렀을 때 그를 구해 준다.

7. 다이애나와 메리는 (   )의 사촌이다.

8. 제인은 "(   )" 하는 소리를 듣고 무어 하우스를 떠난다.

9. 손필드 저택은 (   )로 폐허가 된다.

10. 제인은 '새로운 (   )'을 찾아 로우드를 떠난다.

모범답안: 1. 로우드 2. 신진 3. 붉은 방 4. 결혼 5. 피후견인 6. 버사 7. 제인 8. 제인, 제인, 제인! 9. 화재 10. 일

B 원작에서 다음 인용문을 찾아, 누구의 말인지 쓰시오.

1. 다음으로 생각나는 것은 끔찍한 악몽이라도 꾼 것 같은 기분으로 깨어나 눈앞의 무시무시한 붉은 빛을 보았다는 것이다. 그 붉은 방에는 두껍고 까만 줄이 옆으로 나 있었다. 바람 소리나 물 소리에 가려진 듯 공허하게 울리는 사람의 말소리도 들렸다. 흥분과 불안, 그리고 모든 것을 압도하는 공포심 때문에 나의 정신 기능은 혼란되어 있었다. 이윽고 누군가가 내게 손을 대어 나를 일으켜서 앉은 자세를 받쳐주고 있는 것을 깨달았다. 그때까지 그처럼 포근하게 안기거나 들린 적이 없었다. 나는 베개인가 팔인가에 머리를 댔다. 편안한 기분이었다.

2. 좀처럼 웃지 않는군요. 하지만 아가씨도 마음 놓고 웃을 수 있을 거요. 내가 원래부터 고약한 성미가 아닌 것처럼 아가씨도 원래부터 뚱하게 태어난 것은 아닐 거요. 로우드에서의 속박이 아직도 몸에 배어 있는 거요. 그래서 표정을 누르고 목소리를 죽이고 손발의 동작을 묶고 있는 거요. 그리하여 남자 앞에서는 형제든 아버지든 주인이든, 두려워서 신나게 웃지도 못하고 마음 놓고 얘기도 못하고 재빠른 동작을 취하지도 못 하는 거요. 그러나 머지 않아 내게도 자연스럽게 굴 수 있게 될 거요. 마치 내가 아가씨에게 판에 박힌 격식을 차리지 못하는 것처럼 말이오. 그렇게 되면 아가씨의 표정이나 거동도 지금보다는 한결 발랄해지고 변화를 가져오게 될 거요. 내게는 가끔 가다 새장의 촘촘한 칸막이 사이로 넘겨다 보는 기묘한 새의 눈길이 보인단 말이오. 생기에 차 있고 안절부절못하며 굳센 의지를 가지고 있는 포로가 갇혀 있는 것이란 말이오. 자유의 봄이 되기만 하면 하늘 높이 날아오를 거요.

3. "선생" 그는 말을 이었다. "나는 이 속세가 아닌 다른 왕국에 임하시는 주님을 섬기는 몸이오. 나의 사명은 이 소녀들의 육체적인 욕망을 억제하는 데 있습니다. 땋아내린 머리나 사치스러운 옷으로 단장하는 것이 아니라…"

4. 얘야, 가정교사 얘기는 하지도 마라. 가정교사란 말만 들어도 신경질이 난다. 그들의 무능과 변덕 때문에 난 정말 순교자의 고생을 치렀단다. 이제 그들과는 손을 끊게 되었으니 하느님께 감사드리고 있어.

5. 나는 절대로 실수가 없을 주님의 종이니까요. 나는 사람의 인도를 받아—나의 동류인 연약한 인간의 결함투성이의 법률이나 오류투성이의 지배에 의해 떠나는 것은 아닙니다. 나의 왕, 나의 입법자, 나의 선장은 전능하신 하느님입니다. 내 주위의 모든 사람이 다 같은 깃발 아래 모여, 같은 사업에 참여하기 위해 불타오르지 않는 것은 이상한 일입니다.

C 다음 질문에 간단히 답하시오.

1. 등장인물들이 꿈과 상상으로 알게 되는 것은 무엇인가? 이러한 경험들은 당신이 등장인물들을 이해하는 데 어떤 변화를 주는가? 소설 속의 현실은 초자연적인 요소들과 어떤 상호작용을 하는가?

2. 다음 여성들이 대표하는 것은 무엇인가? 리드 부인, 미스 템플, 셀린느 바렝, 블랑슈 잉그램, 버사 메이슨, 다이애나와 메리 리버스. 제인은 누구에게서 여성다운 행실을 배우는가? 긍정적인 역할 모델은 누구인가? 부정적인 역할 모델은?

3. 제인은 헬렌 번스, 브로클허스트 씨, 신진 리버스의 기독교 신앙에서 무엇을 배우는가? 이들의 기독교적 시각은 제인과 어떻게 다른가? 제인이 느끼는 이들의 기독교적 가치가 지닌 문제점은 무엇인가?

4. 제인은 상류층과 하류층에 대해 어떤 의견을 가지고 있는가? 소설에서는 영국의 사회 계급 체계를 어떻게 언급하고 있는가? 브론테는 그 체제를 비판하는가, 지지하는가?

5. 이 소설의 내레이터는 어린 시절을 회상하는 나이 든 제인이다. 이 작품에서 군데군데 끼어드는 내레이터의 목소리가 주는 효과는 무엇인가? 그것은 어린 제인에 대해 연민을 더 많이 느끼게 하는가, 아니면 그 반대인가?

6. 제인은 몇 차례 자기 그림에 대해 묘사하는데, 이 설명들이 중요한 이유는 무엇인가? 이 작품들은 제인의 상상에 대해 무엇을 나타내는가? 그녀의 내면에 대해서는?

7. 불과 얼음과 연결되는 도덕적 특성은 무엇인가? 이러한 이미지들은 인격을 나타내기 위해 어떤 형태로 사용되는가? 불은 누구를 연상시키는가? 그리고 얼음은? 제인은 불과 얼음 사이의 균형을 유지했는가?

8. 게이츠헤드, 로우드, 손필드, 무어 하우스/마시 엔드, 펀딘의 명칭이 의미하는 것은 무엇인가? 각 지역에서 제인이 배운 것은 무엇인가? 제인은 각 지역의 자연 경관을 상세히 묘사하는데, 그것을 통해 나타나는 각 지역의 특징은?

9. 로체스터와 신진 리버스의 장점과 약점은 각각 무엇인가? 제인이 로체스터를 선택한 이유는?

10. 외국인인 버사와 리처드 메이슨, 셀린느과 아델르 바렝이 대표하는 것은 무엇인가? 식민지들은 어떻게 묘사되는가? 로체스터의 재산은 어디에서 생겼는가? 제인의 재산은?

순수한 사랑 이야기는 과연 순수한가?

실전 연습문제

一以貫之는 '논어'에 나오는 말로 '모든 것을 하나의 이치로 꿴다'는 뜻입니다.

논술의 주제와 문제 유형, 제시문들은 참으로 다양하고 가지각색입니다. 그러나 그 모든 것을 하나로 꿸 수 있습니다. '인간사회의 보편적 문제들에 대한 근원적인 물음에 답하는 자기 나름의 견해'라는 것이지요. 논술은 인간이면 누구나 부닥치는 개인적 또는 사회적 문제들에 대한 자기 나름의 고민이자 성찰입니다. 논술은 자기견해, 자기 가치관, 자기 삶에 대한 솔직한 고백입니다.

一以貫之 논술 연구모임은 '자신의 물음'과 '자신의 생각'을 갖고 '자신의 글'을 쓸 수 있도록 도와줍니다.

〈집필진〉
우효기, 우한기, 이호곤, 박규현, 김법성, 김재년, 김병학, 도승활, 백일, 조형진

순수한 사랑이야기는 과연 순수한가?

　　우리 삶에서 사랑만큼 중요한 게 있을까? 유행가 가사의 태반이 사랑타령이고, 젊은 날 아련한 사랑의 추억 하나 간직하지 않은 이가 없다. 이러한 추억 덕분에 혹은 그러한 추억을 기대하며 우리는 간혹 얼어붙은 마음을 녹이며, 살아내는 게 아닌지 모르겠다. 사랑은 이처럼 그 결과에 상관없이 우리가 삶을 살아가는 이유이자 동기로 작용한다. 이러한 사랑의 법칙은 시대와 무관하게 변함없이 작용한다. '영어로 쓰인 최초의 낭만주의 소설'이라는 평가를 받고 있는 샬럿 브론테의 〈제인 에어〉 역시 이러한 사랑을 다루는 소설이다. 영국의 빅토리아 시대 19세기식 사랑이야기가 여전히 사랑받는 걸 보면 그녀의 이야기엔 뭔가 특별한 게 있나 보다. 그러나 우리는 이 사랑이야기를 좀 다른 각도에서 읽기로 하자. 이 소설을 단순히 통속적인 사랑이야기로만 읽게 되면 단지 또 하나의 연애소설의 목록에 추가될 뿐, 그리 큰 의미는 갖지 못할 것이기 때문이다. 따라서 그보다는 오늘의 관점에서 그들의 사랑의 저변에 흐르는 사유의 문제점을 짚어가며 다분히 비판적 시각에서 접근해 보자.

착한 여자 콤플렉스

19세기 영국 사회는 아직은 남성들의 사회다. 가부장적인 문화에서 여성들이 살아남는 법은 무엇일까? 미모와 덕성이 그들이 갖춰야 할 주요한 미덕이다. 이런 사회에서 제인 에어는 다소 표준에 못 미치는 여성으로 등장한다. 얼굴도 그렇고, 성격도 모난 여자아이. 소설은 이렇게 시작한다.

게이츠헤드 저택에서 나는 위화(違和)의 존재였다. 나는 그곳의 아무와도 같지가 않았다. 리드 부인과도 그 자녀들과도 또 그녀가 좋아한 하인들과도 조화되는 면이 전혀 없었다. 그들이 나를 사랑해 주지 않았다면 내 편에서도 똑같이 그들을 사랑하지 않았다. 그들 편에서도 자기들과 맞지 않는 인간을 사랑으로 대할 의무가 없었다. 사실 나는 자질에서나 능력에서나 성벽에서나 그들과 정반대되는 이질적인 존재였다. (…)

"만약 저 아이가 마음씨도 곱고 귀엽게 생겼다면 처지에 동정이 갈 거예요. 하지만 저렇게 밉상이어서야 어디 정이 가야지요."

"크게 정이 가진 않지요" 하고 베시는 맞장구를 쳤다. "어쨌건, 조지애너 정도로 예쁘게 생겼다면 같은 처지라도 더 동정을 살 텐데."

부모를 잃고 외숙모 집에 얹힌 존재, 제인 에어는 그 집 안에서 어느 누구에게도 환영받지 못하는 천덕꾸러기 신세다. 이러한 어린 시절의 기억은 그녀로 하여금 평생 외모와 성격에 대해 고민하게 만든다. 여성이 자신의 고유한 자질로 인정받지 못하고 단지 외적인 가치로 평가받는 시대에서 제인 에어 같은 여성이 환영받을 자리는 그리 많지 않다. 이건 물론 오늘날에도 형편이 그리 나아진 것 같아 보이진 않는다. 양성평등의 가치를 널리 외치는 시대지만, 역설적으로 이는 아직 우리 사회가 남녀불평등 사회임을 반증한다. 특히 외모지상주의의 폐해는 매우 심각하다. 외모가 절대적인 경쟁의 지표가 된 시대, 우리의 많은 여성들은 이상적인 연예인을 모델로 삼아 자신의 자연스런 외모를 너무도 쉽게 손질한다. 그래서 다 같은 코, 다 같은 입을 가진 괴로운 미녀들이 난무하는 시대다. 연예인들도 서로가 서로를 모방하는지, 별로 구분이 안 되는 시대다. 이처럼 모두가 자기다움을 추구하기보다는, 남들 따라하기에 바쁜 오늘날의 풍경은 온통 회색빛이다.

여성들의 착한 여자에 대한 강박 통념 역시 우리 사회의 또 다른 주요 풍경이다. 드라마 제목 〈착한 여자 나쁜 여자〉는 이분법적으로 갈리는 여성들에 대한 사회적 시각을 그대로 반영하는 듯하다. 기존 드라마에서 주로 '나쁜 여자'는 아무리 유능해도 자기주장과 자기애가 강하고 가족을 위한 희생정신이 없는 여성을, '착한 여성'은 무능하고 별로 내세울 것은 없어도 남성에 의존적이고 희생적인 여성을 의미한다. 물론 〈굳세어라 금순아〉나 〈내 이름은 김삼순〉에서 금순이와 성란이, 삼순이 등은 간혹 멋진 여성상을 보여주며 환영받기도 했지만,

여전히 큰 틀에선 기존의 여성상 테두리를 벗어나지 못하고 있다.

제인 에어 역시 때로는 굳세게 자기 의사를 드러내곤 하지만, 여전히 착한 여자, 예쁜 여자에 대한 콤플렉스를 지니고 살아간다.

자리에서 일어나 옷을 입으며 나는 엊저녁의 일을 생각하고 혹시 그게 꿈이 아니었나 생각해 보았다. 다시 한 번 로체스터 씨를 만나 그가 사랑과 맹세의 말을 하는 것을 듣고서야 나는 그것이 사실이었음을 확신할 수 있었다.

나는 머리를 매만지면서 거울 속에 비친 내 얼굴을 바라보았다. 그리고 그 얼굴이 이젠 벌써 못생긴 얼굴이 아님을 느꼈다. 표정에는 희망의 빛이 떠오르고 안색은 생기가 돌았다. 두 눈은 마치 기쁨의 샘을 바라보고 있다가 그 빛나는 잔물결에게서 빛을 빌려온 듯했다. 나는 그때까지 주인의 얼굴을 쳐다보기를 꺼려왔었다. 주인이 내 얼굴을 보고 마음에 들어할 리 없다고 생각했기 때문이었다. 그러나 이제 나는 떳떳이 얼굴을 마주 들어도 좋고 내 얼굴이 그의 애정을 식게 하지 않을 것을 확신할 수 있었다. 나는 서랍에서 수수하지만 깨끗하고 가벼운 여름옷을 꺼내 입었다. 그처럼 내게 꼭 어울리는 옷이 없었던 것 같았다. 그렇게 행복한 심경으로 옷을 입어본 적이 없었기 때문에.

나는 아래층 홀로 달려 내려가서 간밤의 그 지독한 폭풍우 다음에 찬란한 6월의 아침이 온 것을 보고도 놀라지 않았다. 그리고 열려진 유리문을 통해 들어오는 신선하고 향기로운 산들바람의 숨결을 느끼고도 나는 조금도 놀라지 않았다. 내가 그렇게 행복하니 대자연도 즐거운 것이리라. 한 거지 여인과 어린 아들이—둘 다 창백하고 남루했다—길을 걸어오고 있었다. 나는 뛰어 내려가 그때 내 지갑속에 들어 있던 3, 4실링의 돈을 전부 주어버렸다. 좋건 궂건 그들도 나의 축제를 같이 즐겨야 했다. 까마귀 떼가 깍깍 울고 즐거운 새들이 노래 불렀다. 그러나 좋아서 날뛰는 내 마음보다 더 즐겁고 음악적인 것은 없었다.

못난 줄만 알았던 자신의 외모가 사랑하는 이를 만난 후 다른 모습으로 다가온다. 사랑의 힘은 이렇게 강력한 것인가? 그러나 여자의 행복이 오직 한 남자의 존재에 의해 좌우되는 모습은 그리 바람직하지 않다. 가정교사와 주인댁 남자의 관계는 물론 현실적으로 평등한 관계는 아니다. 더구나 이제 사랑에 빠진 그녀에게 주인댁 남자는 그녀의 전 생애를 다 바쳐 섬겨야 할 삶의 주인으로 다가온 것이다. 부부의 관계가 서로 대등한 수평적 관계를 맺을 때 그 관계는 서로를 소외시키지 않고, 오래 지속될 수 있다. 그러한 관계는 남녀 서로가 각기 자신의 삶을 토대로 독립적 인격체로서 만날 때 가능할 것이다. 이를 헬렌 브라운은 이렇게 말하고 있다.

옛날부터 여자의 행복이라고 생각되어온 그 길이 반드시 편안

한 것만은 아니다. 젊고 건강할 때는 누구나 성적 매력으로 사랑을
받는다. 그래서 적령기의 여자들은 대개가 다 남자를 만나게 된다.
결혼만 하면 꿈꾸었던 인생이 손에 들어온다. 멋진 남성의 '상냥하고
좋은 아내'가 된다. 여유 있으면 자원봉사를 하고, 자선기금도 모으며,
주 1회는 미술관에도 가는 생활…. 이것이 무슨 부족함이 있으랴. 이
런 생활을 꿈꾸고 있는 여성이 아직 많다는 것을 알고 있다. 재클린
오나시스나 그레이스 왕비는 아직도 여성에겐 동경의 대상인 것 같다.

그러나 낡은 사고방식에 젖은 불쌍한 아가씨여! 그 재키조차도,
마흔 여섯 살의 나이에 남들이 부러워하는 재산과 미모만이 인생의
정답은 아니라는 것을 깨달았던 것이다. 그래서 재키는 〈바이킹 프
레스〉의 편집자로서 예전과 같이 일의 세계로 복귀했다. (중략)

다시 말하면, 존 케네디나 레이니에 공과 같은 남성은 당신이나
나와 같이 이름도 없는 처녀와는 우선 결혼할 이유가 없다는 것이다.
그들이 결혼 대상으로 생각한 것은 여배우나 모델, 그리고 대부호의
딸 등, 많은 돈을 가지고 있든가, 돈 많은 가족이 있는 여성이다. 더
욱이 여기서 중요한 것은 이러한 여성들은 모두 아내나 어머니로 만
족하지 않는다는 것이다. (중략)

귀엽고 사랑스런 전업주부라고 해서 안심하고 있을 수는 없다.
상상도 할 수 없을 만한 대저택에 살며 벤츠를 몇 대나 굴리는 생활
은 오래 계속되지 않는다. 아내나 어머니 역할에 만족하며 멍청히 있
다가는 벤츠와 함께 차고에 버려지고 만다.

내가 본 바로는 남편에게 지지 않을 만큼 좋은 일을 하고 있는

여성은 버림을 받는 일이 적은 것 같다. 물론 그 중에는 버림을 받은 사람도 있고 스스로 나온 사람도 있긴 하다. 그러나 버림을 받는다 해도 그 비극을 극복하는 강인함이 있다.

돈이 있고 없음에 상관없이 남편 이외의 뭔가에 속해 있는 여성 쪽이 남성의 마음을 언제까지나 끌 수 있는 것이다. 내친 김에 말하자면 요즘 남자들은 당신의 급료도 사랑하고 있는 듯하다.

— 헬렌 브라운 〈나는 초라한 더블보다 화려한 싱글이 좋다〉

내겐 강 같은 평화, 네겐 칼 같은 불안
— 참으로 부담스러운 종교적 독선

정신병자인 아내가 살아 있다는 것이 드러나 로체스터와 제인 에어의 결혼이 마지막 순간에 좌절되고, 제인 에어는 손필드 저택을 떠나 방황한다. 이때 좌절과 빈곤 속에서 생사를 넘나들던 제인 에어를 구해 준 이가 목사 신진과 그의 누이들이다. 나중에 이들은 제인 에어의 사촌 형제들로 밝혀진다. 제인 에어를 평소 눈여겨보던 신진 목사는 해외 선교사업에 제인 에어를 끌어들이기로 마음먹는다. 그러나 조건은 두 사람의 결혼이다. 결혼을 선교사업의 편의를 위한 수단으로 바라보는 그의 시각은 결혼을 사랑의 결실로 바라보는 제인 에어의 극히 상식적인 결혼관과 충돌한다. 신진은 선교사업의 대의를 위해선 그 어떤 장애도 뚫을 각오가 되어 있다. 하느님은 언제나 그의 편에 서서 그를 지원해 주고 있다. 따라서 그의 뜻에 반하는 행동은 모두 신을 모욕하는 행위, 죄악의 행위다.

그는 곧 입을 열었다. "이것은 엄숙한 문제라는 것을 잊지 맙시다. 가볍게 생각한다면 죄악이 될지도 모를 문제입니다. 제인, 나는 당신이 당신의 마음을 하느님께 바친다고 했을 때 진정이었다고 믿습니다. 그게 바로 내가 원하는 전부입니다. 일단 마음을 인간으로부터 돌려 창조주에게로 향한다면 그때부터는 이 지상에서의 하느님의 나라의 발전이 바로 당신의 무상의 기쁨이 될 것이고 노력이 됩니다. 그리고 그 목적을 전진시키는 거라면 무슨 일이든지 당장에 실행하고 싶어집니다. 결혼에 의해서 우리가 육체적, 정신적으로 결합되면 당신과 나의 노력에 어떠한 자극이 가해지는지를 알게 됩니다. 그것은 인간의 운명과 계획에 영구히 합치되는 성격을 부여하는 유일한 결합입니다. 그러므로 모든 사소한 기분이나 하찮은 감정의 애로 사항이나, 미묘한 뒤얽힘은 집어던지고, 단지 개인적인 취향의 정도나 종류나 강도나 취약성에 대한 의구심을 버리고, 당장에 이 결합 속으로 들어오는 겁니다."

하느님 나라 건설에 도움이 안 되는 모든 행위는 그의 눈엔 모두 하잘것없는 죄악의 행위다. 그분 앞에선 인간의 취향이나 기분은 중요치 않다. 그분은 영원하시고 거룩하신 반면, 인간 개개인은 유약하고 유한한 존재인 까닭이다. 여기서 우리는 유일신 사상이라는 기독교의 배타적 종교관의 문제점을 읽을 수 있다. 타종교를 무시하고 오직 절대자 하느님을 중심에 두는 종교관은 그 종교의 사랑의 교리와 모순된다. 예수가 십자가에 못 박히기까지 하며 우리에게 강조한 사랑의 메시지는 그런 교리나 율법의 독단성과는 거리가 먼 것이다. 헐벗은 이웃의 모습 속에서 하느님을 발견할 수 있다는 그의 가르침은 종교를 위한 사람이 아니라 사람을 위한 종교가 참된 종교라는 것을 우리에게 일러준다. 그런 점에서 결혼이라는 가장 순수한 영혼들끼리의 결합에 종교적 독단성이 개입될 여지는 없다. 당연히 제인 에어는 이러한 무거운 청혼을 단호히 거부한다.

"그럴까요?" 나는 간단히 말했다. 그리고 아름답게 균형 잡힌, 그러나 조용한 냉혹성이 괜스레 무섭게 느껴지는 그의 얼굴을 바라보고, 위엄은 있지만 탁 트이지 못한 이마와 밝고 깊고 무엇을 찾아내려는 것 같지만 부드러움이라고는 전혀 느낄 수 없는 두 눈과, 키가 크고 당당한 체격을 바라보면서, 그의 아내가 되어 있을 자신을 마음속에 그려보았다. 아아! 그것은 안 될 일이었다! 그의 부목사로서라면, 그의 동료로서라면 문제가 없었다. 그런 자격에서라면 그와 더불어 대양도 건널 수 있고, 그런 직책이라면 그와 더불어 동방의 태양 아래 아시아의 사막에서도 일할 수 있었다. 그의 용기와 헌신과 활력을 보고 경탄하고, 나도 지지 않도록 노력하고, 그의 지배에 얌전히 순응하고, 그의 뿌리 깊은 야심에 의연히 미소를 보이고, 그의 기독교인으로서의 일면과 인간으로서의 일면을 구별하고, 전자를 깊이 존경하고 후자를 너그러이 용서하기도 하리라. 물론 이러한 자격만으로 그에게 소속되어 있다면 고통을 받는 일도 많으리라. 그러나 내 몸은 가혹한 멍에를 지고 있을망정, 내 마음과 혼은 자유로우리라. 때에 따라 의지할 수 있는, 아직은 시들지 않은 자아가 있고, 외로운 때면 이야기를 나눌 수 있는, 아무 데도 예속되지 않은 자연 그대로의 감정을 유지할 수도 있으리라. 내 마음속에는 그는 들어오지 못하고 나만이 들어갈 수 있는 은신처가 마련되어, 거기에서는 그의 가혹함으로도 시들게 할 수 없고 그의 정확한 병사의 행진으로도 짓밟을 수 없는 나의 감정이 싱싱하고 안전하게 자라고 있으리라. 그러나 그의 아내로서는―항시 그의 곁에 있고, 항시 속박을 받고, 항시 억제되고, 항시 내 본성이라는 불은 조그맣게 해놓으라고 강요당하고, 감금된 불길이 차례차례 내장이나 기관을 태워 갈지라도 그 불은 마음속에서만 태워야 하고, 그러면서도 소리 한 번 지를 수 없다는 것은―도저히 참을 수 없는 일이었다.

독실한 신앙인으로서 제인 에어 역시 선교사업의 의미에 대해 부정하진 않는다. 오히려 그러한 신진의 비전을 존중하며 더 나아가 이를 추종하는 편이다. 그러나 문제는 동료로서 함께 하는 것과 부부로서 함께 함은 차원이 다르다. 이것을 제인 에어는 잘 알고 있다. 동료로서의 만남은 서로 간에 보다 거리를 유지할 수 있는 공적인 만남이다. 그러나 부부로서의 만남은 그러한 거리두기가 쉽지 않다. 서로 간에 사적인 끈이 강하게 작용하는 만남 속에서는 개인의 감정은 쉽게 처리되기 십상이다. 가혹한 시련과 속박 앞에서도 개인의 실존적이고 주체적 고민에 의한 결단이 아닌, 부부로서의 예속에 따른 의무감에 얽매여야 할 것이다.

물론 가장 큰 문제는 서로 간에 사랑하는 감정이 없다는 거다. 제인 에어는 로체스터와의 사이에서 느꼈던 절절한 사랑의 감정을 신진과의 사이에선 전혀 느낄 수 없었던 것이다. 객관적인 외모의 준수함으로만 따진다면 신진이 훨씬 낫다고 할 수 있지만, 그에게선 로체스터에게서 느낄 수 있는 인간미가 전혀 드러나지 않는다. 로체스터가 누리는 문화적 풍요로움과 예술적 교양, 사교적 세련미를 그에게선 찾아보기 힘들다. 대신 그는 부친의 종교적 업을 이어 불철주야 신의 뜻을 받들기에 여념이 없다. 어떠한 조건과 상황 속에서도 때를 거르지 않고 이웃을 방문하며 목사의 의무를 다하는 한 명의 엄숙하고 경건한 성직자의 모습이 떠오를 뿐이다.

신진 목사는 저자의 동생 에밀리 브론테가 쓴 〈폭풍의 언덕〉에 나오는 청교도 노인 조셉과 같은 위선적이고 속물스런 인물과는 물론 다르다. 그러나 보편적인 인간애와 자연스런 감성을 결여한 인물인 점에서는 두 사람 모두 동일하다. 그리고 이러한 독선적인 신앙의 소유자들은 항상 주변 사람들을 피곤하게 한다. 모든 시각이 자신의 절대적 신앙을 기준으로

확장되어 타인의 감정이나 생각을 들여다볼 마음의 여유가 없기 때문이다. 차이와 다름을 인정하지 않는 맹목적 진리의 추구는 이처럼 모든 사람들을 불행하게 만들 수 있는 것이다.

진정한 사랑은 외모를 보지 않는다

오랜 고뇌 끝에 존의 청혼을 받아들여 인도로 갈 결심을 한 순간, 제인의 귀에는 "제인! 제인! 제인!" 하는 로체스터의 부르짖음이 환청처럼 들린다. 그래서 정신없이 찾아가 만난 로체스터의 모습은 이미 과거의 그 당당하던 풍채는 아니었다. 화재로 한쪽 팔을 잃고 실명까지 한 비참한 모습이지만 로체스터에 대한 제인 에어의 사랑은 예전 그대로다.

"아, 이쪽 팔에는 손도 없고 손톱도 없소." 그는 절단된 팔을 가슴에서 꺼내어 내게 보이면서 말했다. "나무토막 같지. 끔찍스러운 꼴이야! 그렇게 생각 안 하오, 제인?"

"애처로워요. 눈도 그렇고. 불에 덴 흉터가 남아 있는 이마도. 하지만 무엇보다도 곤란한 것은, 그런 모든 것과 상관없이 당신을 사랑하고, 당신을 소중히 생각하지 않을 수 없는 사람이 하나 있다는 사실이에요."

"내 팔이나 화상투성이의 이 얼굴을 보면 당신이 질색을 하고 도망칠 줄 알았소."

"그런 생각을 하셨어요? 그런 말씀은 하지 마세요. 사람을 볼

줄 아는 판단력도 없다고 당신을 얕잡아보는 말이 제 입에서 나올지
도 모르니까요." (중략)

　나는 곧 메리를 불러 방을 깨끗하게 치우고 즐거운 식사를 준비
시켰다. 내 마음은 들떠 식사 도중에는 즐겁게 마음 놓고 그에게 이
야기를 했고 식사가 끝난 후에도 오랫동안 이야기를 했다. 그와 함께
있으면 애써 체면을 차리지 않아도 되고 기쁨이나 즐거운 기분을 억
제할 필요가 없었다. 그와는 서로 마음이 맞는 것을 알고 있기 때문
에 아주 마음을 푹 놓고 있었다. 내가 하는 말이나 행동 전부가 그에
겐 위안이 되고 그의 생기를 돋워주는 것 같았다. 그것을 느끼는 것
이 얼마나 기뻤던지! 그 느낌은 내 전부를 송두리째 생명과 광명 속
으로 끌어냈다. 그의 앞에서 나는 완전히 살았고 내 앞에서 그도 완
전히 살았다. 비록 눈은 보이지 않았으나, 그 얼굴에는 미소가 감돌
고 이마는 기쁨으로 빛났으며, 그의 표정은 부드럽고 따뜻해졌다.

　이처럼 진정한 사랑 앞에 외모나 조건은 부차적인 듯하다.
현재 있는 모습을 그대로 받아들일 수 있는 마음이 바로 사랑
아닐까? 로체스터가 이전에 만났던 사교계의 여성들은 이와
는 정반대의 경우를 잘 보여준다. 특히 잉그램 부인과 두 딸은
상류사회 여성들이 가지고 있을 법한 모든 허영과 속물성들
을 모조리 보여준다. 이러한 위선에 환멸을 느끼고 상대적으
로 보잘것없는 제인 에어에게 청혼한 로체스터의 모습이나 이
미 정상적인 삶을 살기 어려운 한 남자에게 다가와 사랑을 고

백하는 제인 에어의 모습 둘 다 사랑의 기준이 어디에 놓여 있는지 알게 한다.

그러나 달리 생각해 보면 이들의 사랑을 전적으로 순수하게만 바라볼 수 없게 하는 측면이 있다. 그것은 작가가 그들의 사랑과 재회의 순수성을 이전과는 달라진 서로의 상황 속에서 찾으려 한 흔적이 엿보이기 때문이다. 제인 에어가 숙부의 재산을 상속해 부자가 되고, 로체스터가 갑자기 불구의 모습으로 전락한 것은 그들의 180도 달라진 환경이다. 이러한 변화를 통해서 양자의 조건을 대등한 것으로 만든 작가의 의도는 무엇일까? 이렇게 남녀의 처지를 바꾸어서라야 두 사람의 대등한 만남이 보다 가능해진다는 사실을 말하고자 한 건 아닐까?

진정한 만남과 사랑의 순수성을 의도했다면 텔레파시나 갑작스런 환경의 전환보다는 이들의 내적 자각과 심리적 변화와 같은 주체적 동기에 좀더 무게중심을 두어야 했을 것이다. 재스퍼 포드의 소설 〈제인 에어 납치사건〉에서처럼 원작 〈제인 에어〉 속에 들어가 내용을 일부 바꿔놓을 기회가 나에게도 주어진다면 이러한 자의적 측면을 다소 손질하고 싶은 심정이다. 그러나 이 소설에서 진짜 손봐야 할 부분은 따로 있다. 그것은 다락방 속에 가두어 놓은 광녀(狂女)의 목소리를 들어보는 일이다. 그녀에게도 말할 기회를 줘야 하기 때문이다.

다락방 속의 미친 여자 — 동양에 대한 편견

로체스터의 미친 아내 버사는 서인도제도 자메이카 섬의 혼혈아 출신으로 3만 파운드라는 거금을 지참하고 로체스터와 결혼한다. 한 마디로 로체스터는 돈을 보고 그녀와 결혼했다고 할 수도 있다. 그녀는 어머니로부터 물려받은 정신이상 때문에 결국 발광하고, 그녀의 오빠는 다소 덜떨어진 인물이다. 이처럼 소설은 서인도제도라는 토착민을 광인 아니면 바보로 폄하한다. 이러한 인도 혹은 동양에 대한 편견은 소설 곳곳에서 발견된다. 7장에서 제인 에어가 자선학교에 다닐 때 교장은 거짓말하는 제인에게 인도의 힌두교를 빗대어 모욕을 준다. 이는 제인 에어와 로체스터 두 주인공의 입을 통해서도 드러난다.

"난 이 한 영국의 처녀를 사슴처럼 아름다운 눈을 갖고 회교의 난원(蘭園)에 사는 천사와도 같은 모든 아름다운 모습을 지닌 터키 황제의 후궁 미인들과도 바꾸지 않겠어!"

"그런 부류의 여자에게 마음이 있으시거든 지체 마시고 이스탄불의 노예시장으로 가보시지요."

"내가 고기 몇 톤이나 흑안의 종별 따위를 흥정하는 동안 당신은 무얼 하지?"

"인간의 자유를 설교하는 전도사가 되어 나갈 준비를 하죠."

이들의 대화를 통해 우리는 작가가 지닌 동양 세계에 대한 편견이 얼마나 확고한지 확인할 수 있다. 영국의 처녀와 터키의 후궁 미인들을 비교한 것은 그렇다 치더라도 '이스탄불의 노예', '고기 몇 톤', '흑안의 종별 따위'라는 말에서 동양에 대한 인종적 선입관이 적나라하게 드러나고 있다. 그리고 이러한 미개한 이들을 위해 기독교의 복음을 전파해야겠다는 우월의식까지…. 이는 곧 서양 중심으로 동양을 대상화하고 교화해야 한다는 오만함의 표출인 것이다.

이러한 오리엔탈리즘은 로체스터가 아내를 대하는 태도에 여실히 드러나 있다. 아내의 광기를 서인도제도 전체의 광기와 연결하여 동양 사회 전체를 암흑의 도시, 공포의 도시로 만들어버린다. 처음엔 돈을 보고 결혼했지만, 소기의 목적을 달성한 후엔 아내를 정신병자라는 이유로 가두는 로체스터의 모습은 동양 식민지를 대하는 서구 제국주의의 논리를 닮았다. 거대한 자원과 시장, 그리고 값싼 노동력 등의 매력으로 동양을 식민지화한 후 동양을 야만의 땅으로 규정하여 계몽의 대상으로 가두어버리는 점에서 그렇다. 아내 버사를 영국으로 데려와 가둬놓고서 그는 자신의 행위를 이렇게 정당화한다.

인내심이 강한 너에게 그토록 마구 욕설을 퍼붓고, 그토록 네 이름을 더럽히고, 네 체면을 손상시키고, 그토록 네 청춘을 시들게 한 그 여자는 네 처가 아니다. 너도 그 여자의 남편이 아니다. 그 여자의 병에 필요한 만큼의 시중을 들도록 보살펴줘라. 그러면 너는 하느님과 인간이 너에게 요구하는 모든 것을 완수한 셈이다. 그녀가 누구인지, 또 너와 그녀의 관계를 비밀 속에 묻어버려라.

여기서 너는 바로 '로체스터 자신'을 가리킨다. 여기서 주로 강조되는 것은 로체스터 자신의 인내심일 뿐이다. 그녀의 온갖 욕설과 모욕에도 불구하고 자신은 할 바를 다했다는 거다. 그리고 더 나아가서 이런 비상식적인 여성은 자신의 아내로 받아들일 수 없다는 거다. 자기가 이제 할 수 있는 일은 그녀를 가두어서 보살펴주는 일뿐이며, 그녀와의 부부로서의 관계는 이제 별 의미가 없다는 거다. 식민지와 제국의 관계가 이런 게 아닐까? 식민지는 제국이란 주체가 바라보는 대상에 불과할 뿐 진정한 주체로서 함께할 대상은 아닌 것이다. 그저 가두어서 보살펴 교정해야 할 대상에 불과하다.

이처럼 이 소설은 기본적으로 남성 > 여성, 서양 > 동양이란 이분법적 논리 위에서 전개된다. 이런 구도에서라면 아내 버사는 여성이면서 동양인이라는 점에서 최하층의 자리를 차지하고, 로체스터는 남성이면서 서양인이라는 점에서 최상층의 위치를 점한다. 물론 제인 에어는 그 중간쯤 자리를 차지한다. 이러한 전체 구도 하에서라면 제인 에어에 대한 일반적인 평가, 즉 여성의 주체성을 강조했다는 주장은 사실 그 의미가 반감된다. 동양 여성을 부정하면서, 혹은 구별의 대상으로서 삼으면서 이루어지는 서양 여성의 주체성이란 그다지 보편성을 획득하는 논의가 아니기 때문이다.

우리가 로체스터와 제인 에어의 사랑을 전적으로 받아들이기 곤란한 이유가 여기에 있다. 이는 오늘날도 역시 마찬가지다. 남녀 간의 사랑을 포함한 모든 종류의 사랑이 진정성을 확보하는 길은 우리가 맺고 있는 관계를 온전히 파악해 그 관계를 더욱 나은 방향으로 만들어나가는 가운데서 비로소 가능할 것이다.

〔98대입〕 서울대 논술고사

우리의 삶 속에서 남녀 간의 사랑과 결혼은 그 어떤 것보다도 더 중요한 일이라 할 수 있다. 아래의 제시문에서 드러난 결혼과 사랑의 특징과 문제점을 분석하고 이를 논의의 근거로 삼아 자신이 생각하는 바람직한 결혼관에 대하여 구체적으로 논술하시오.

〈가〉

그는 곧 입을 열었다. "이것은 엄숙한 문제라는 것을 잊지 맙시다. 가볍게 생각한다면 죄악이 될지도 모를 문제입니다. 제인, 나는 당신이 당신의 마음을 하느님께 바친다고 했을 때 진정이었다고 믿습니다. 그게 바로 내가 원하는 전부입니다. 일단 마음을 인간으로부터 돌려 창조주에게로 향한다면 그때부터는 이 지상에서의 하느님의 나라의 발전이 바로 당신의 무상의 기쁨이 될 것이고 노력이 됩니다. 그리고 그 목적을 전진시키는 거라면 무슨 일이든지 당장에 실행하고 싶어집니다. 결혼에 의해서 우리가 육체적, 정신적으로 결합이 되면 당신과 나의 노력에 어떠한 자극이 가해지는지를 알게 됩니다.

그것은 인간의 운명과 계획에 영구히 합치되는 성격을 부여하는 유일한 결합입니다. 그러므로 모든 사소한 기분이나 하찮은 감정의 애로 사항이나, 미묘한 뒤얽힘은 집어던지고, 단지 개인적인 취향의 정도나 종류나 강도나 취약성에 대한 의구심을 버리고, 당장에 이 결합 속으로 들어오는 겁니다."

〈나〉

"그럴까요?" 나는 간단히 말했다. 그리고 아름답게 균형 잡힌, 그러나 조용한 냉혹성이 괜스레 무섭게 느껴지는 그의 얼굴을 바라보고, 위엄은 있지만 탁 트이지 못한 이마와 밝고 깊고 무엇을 찾아내려는 것 같지만 부드러움이라고는 전혀 느낄 수 없는 두 눈과, 키가 크고 당당한 체격을 바라보면서, 그의 아내가 되어 있을 자신을 마음속에 그려보았다. 아아! 그것은 안 될 일이었다! 그의 부목사로서라면, 그의 동료로서라면 문제가 없었다. 그런 자격에서라면 그와 더불어 대양도 건널 수 있고, 그런 직책이라면 그와 더불어 동방의 태양 아래 아시아의 사막에서도 일할 수 있었다. 그의 용기와 헌신과 활력을 보고 경탄하고, 나도 지지 않도록 노력하고, 그의 지배에 얌전히 순응하고, 그의 뿌리 깊은 야심에 의연히 미소를 보이고, 그의 기독교인으로서의 일면과 인간으로서의 일면을 구별하고, 전자를 깊이 존경하고 후자를 너그러이 용서하기도 하리라. 물론 이러한 자격만으로 그에게 소속되어 있다면 고통을 받는 일도 많으리라. 그러나 내 몸은 가혹한 멍에를 지고 있을망정, 내 마음과 혼은 자유로우리라. 때에 따라 의지할 수 있는, 아직은 시들지 않은 자아가 있고, 외로운 때면 이야기를 나눌 수 있는, 아무 데도 예속되지 않은 자연 그대로의 감정을 유지할 수도 있으리라. 내 마음속에는 그는 들어오지 못하고 나만이 들어갈 수 있는 은신처가 마련되어, 거기에서는 그의 가혹함으로도 시들게 할 수 없고 그의 정확한 병사의 행진으로도 짓밟을 수 없는 나의 감정이 싱싱하고 안전하게 자라고 있으리라. 그러나 그의 아내로서는—항시 그의 곁에 있고, 항시 속박을 받고 항시 억제되고, 항시 내 본성이라는 불은 조그맣게 해놓으라고 강요당하고, 감금된 불길이 차례차례 내장이나 기관을 태워갈지라도 그 불은 마음속에서만 태워야 하고, 그러면서도 소리 한 번 지를 수 없다는 것은—도저히 참을 수 없는 일이었다.

〈다〉

자리에서 일어나 옷을 입으며 나는 엊저녁의 일을 생각하고 혹시 그게 꿈이 아니었나 생각해 보았다. 다시 한 번 로체스터 씨를 만나 그가 사랑과 맹세의 말을 하는 것을 듣고서야 나는 그것이 사실이었음을 확신할 수 있었다.

머리를 매만지면서 나는 거울 속에 비친 내 얼굴을 바라보았다. 그리고 그 얼굴이 이젠 벌써 못생긴 얼굴이 아님을 느졌다. 표정에는 희망의 빛이 떠오르고 안색은 생기가 돌았다. 두 눈은 마치 기쁨의 샘을 바라보고 있다가 그 빛나는 잔물결에게서 빛을 빌려온 듯했다. 나는 그때까지 주인의 얼굴을 쳐다보기를 꺼려왔었다. 주인이 내 얼굴을 보고 마음에 들어할 리 없다고 생각했기 때문이었다. 그러나 이제 나는 떳떳이 얼굴을 마주 들어도 좋고 내 얼굴이 그의 애정을 식게 하지 않을 것을 확신할 수 있었다. 나는 서랍에서 수수하지만 깨끗하고 가벼운 여름옷을 꺼내 입었다. 그처럼 내게 꼭 어울리는 옷이 없었던 것 같았다. 그렇게 행복한 심경으로 옷을 입어본 적이 없었기 때문에.

나는 아래층 홀로 달려 내려가서 간밤의 그 지독한 폭풍우 다음에 찬란한 6월의 아침이 온 것을 보고도 놀라지 않았다. 그리고 열려진 유리문을 통해 들어오는 신선하고 향기로운 산들바람의 숨결을 느끼고도 나는 조금도 놀라지 않았다. 내가 그렇게 행복하니 대자연도 즐거운 것이리라. 한 거지 여인과 어린 아들이 — 둘 다 창백하고 남루했다 — 길을 걸어오고 있었다. 나는 뛰어 내려가 그때 내 지갑 속에 들어 있던 3, 4실링의 돈을 전부 주어버렸다. 좋건 궂건 그들도 나의 축제를 같이 즐겨야 했다. 까마귀 떼가 깍깍 울고 즐거운 새들이 노래 불렀다. 그러나 좋아서 날뛰는 내 마음보다 더 즐겁고 음악적인 것은 없었다.

<라>

　"아, 이쪽 팔에는 손도 없고 손톱도 없소." 그는 절단된 팔을 가슴에서 꺼내어 내게 보이면서 말했다. "나무토막 같지. 끔찍스러운 꼴이야! 그렇게 생각 안 하오, 제인?"

　"애처로워요. 눈도 그렇고. 불에 덴 흉터가 남아 있는 이마도. 하지만 무엇보다도 곤란한 것은, 그런 모든 것과 상관없이 당신을 사랑하고, 당신을 소중히 생각하지 않을 수 없는 사람이 하나 있다는 사실이에요."

　"내 팔이나 화상투성이의 이 얼굴을 보면 당신이 질색을 하고 도망칠 줄 알았소."

　"그런 생각을 하셨어요? 그런 말씀은 하지 마세요. 사람을 볼 줄 아는 판단력도 없다고 당신을 얕잡아보는 말이 제 입에서 나올지도 모르니까요." (중략)

　나는 곧 메리를 불러 방을 깨끗하게 치우고 즐거운 식사를 준비시켰다. 내 마음은 들떠 올라 식사 도중에는 즐겁게 마음 놓고 그에게 이야기를 했고 식사가 끝난 후에도 오랫동안 이야기를 했다. 그와 함께 있으면 애써 체면을 차리지 않아도 되고 기쁨이나 즐거운 기분을 억제할 필요가 없었다. 그와는 서로 마음이 맞는 것을 알고 있기 때문에 아주 마음을 푹 놓고 있었다. 내가 하는 말이나 행동 전부가 그에겐 위안이 되고 그의 생기를 돋워주는 것 같았다. 그것을 느끼는 것이 얼마나 기뻤던지! 그 느낌은 내 전부를 송두리째 생명과 광명 속으로 끌어냈다. 그의 앞에서 나는 완전히 살았고 내 앞에서 그도 완전히 살았다. 비록 눈은 보이지 않았으나, 그 얼굴에는 미소가 감돌고 이마는 기쁨으로 빛났으며, 그의 표정은 부드럽고 따뜻해졌다.

다락원 명작노트 **027**

제인 에어

펴낸이 정효섭
펴낸곳 (주)다락원

초판 1쇄 인쇄 2007년 1월 29일
초판 1쇄 발행 2007년 2월 5일

책임편집 안창열, 김지영
디자인 손혜정, 박은진
번역 한영탁
삽화 손창복

다락원 경기도 파주시 교하읍 문발리 509-1
Tel:(02)736-2031 Fax:(02)732-2037
(내용문의: 내선 520/구입문의: 내선 113~114)
출판등록 1977년 9월 16일 제300-1977-23호

Copyright © 2007, 다락원

출판사의 허락 없이 이 책의 일부 또는 전부를
무단 복제 · 전재 · 발췌할 수 없습니다.
잘못된 책은 바꿔 드립니다.

값 8,500원

ISBN 978-89-5995-142-0 13740

패턴 따라 쉽게 쓰는 틴틴 영어일기 1, 2

❶ 일상생활 패턴정복
❷ 학교생활 패턴정복

중학교에 다니는 여학생과 남학생이 각각 일상생활과 학교생활을 중심으로 1년간의 일을 쉽고 재미있게 쓴 영어일기. 중학생이라면 누구나 한번쯤 겪어봤을 만한 일들을 바탕으로 한 다양한 일기 소재와 어휘가 제공되어 있기 때문에, 영어일기를 통해 영작을 연습하려는 학습자에게 큰 도움이 될 수 있는 교재이다. 중·고생뿐만 아니라, 중학 영어를 미리 예습하려는 예비 중학생들에게도 아주 효과적인 영어 학습서로 강추!

☐ 정미선 지음 / 4·6배 변형/192면
☐ 정가 10,000원 (오디오 CD 1개 포함)

Teen Teen Diary (전3권)

❶ 매일 10단어로 뚝딱 중학생 영어일기

중1 수준의 어휘와 문장으로, 영어일기와 일상회화에 대한 감각을 익힌다.

☐ 정미선 지음 / 신국판 / 144면
☐ 정가 7,500원 (테이프 1개 포함)

❷ 매일 5문장으로 술술 중학생 영어일기

중2 수준의 어휘와 문장으로, 영어일기에 친숙해지고 자신감을 쌓는다.

☐ 정미선 지음 / 신국판 / 152면
☐ 정가 7,500원 (테이프 1개 포함)

❸ 매일 내맘대로 쓱싹 중학생 영어일기

중3 수준의 어휘와 문장으로, 중학영어를 마스터하고 미국의 일상회학에 익숙해진다

☐ 정미선 지음 / 신국판 / 144면
☐ 정가 7,500원 (테이프 1개 포함)

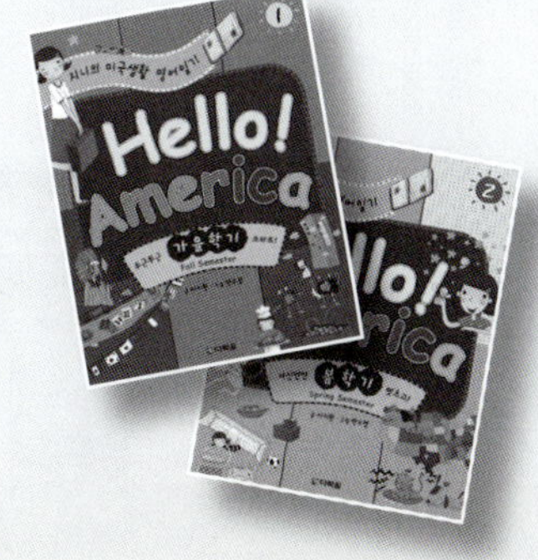

지니의 미국생활 영어일기 Hello! America (전2권)

❶ 가을학기 ❷ 봄학기

어느 한국 여학생의 미국생활 이야기를 일기 형식으로 담은 책. 1권은 '가을학기', 2권은 '봄학기'편으로, 총 1년간의 미국 학교생활 및 일상생활에 관한 흥미로운 이야기들이 담겨 있다. 미국 학생들의 실생활을 바탕으로 한 탄탄한 스토리로 살아 있는 현지 영어와 미국문화를 체험할 수 있을 뿐만 아니라, 영어 독해 및 영작 연습을 할 수 있는 아주 유용한 교재이다.

☐ 이지현 지음 / 국배판 변형 / 152면
☐ 정가 8,500원

영어 독해력 증강 프로그램
행복한 명작 읽기

〈행복한 명작 읽기〉는 기초가 약한 영어 초급자나 초, 중, 고 학생들이 보다 즐겁고 효과적으로 명작들을 읽으며 독해력을 키울 수 있도록 개발된 독해력 증강 프로그램입니다.

책의 특징

1 골라 읽는 재미가 있다. 초보자를 위한 350단어 수준에서 중고급자를 위한 1,000단어 수준까지 5단계 구성.

2 단계별로 효과적인 영어 읽기 요령과 영문 고유의 참맛을 느낄 수 있는 장치가 곳곳에.

3 읽기만 해도 영어의 키가 쑥쑥 – 해석을 돕는 돼지꼬리(⌒), 영어표현 및 문법 설명, 퀴즈가 왕창.

4 체계적인 듣기 학습까지. 전문 미국 성우들의 생동감 넘치는 원음을 담은 오디오 CD 제공.

국판 | **Grade 1, 2, 3** 각권 6,000원
(오디오 CD 1개 포함)

Grade 4, 5 각권 7,000원
(오디오 CD 1개포함)

*어린왕자 8,000원
(오디오 CD 2개 포함)

**고도를 기다리며 9,000원
(오디오 CD 2개 포함)

✖ 왕초보 기초다지기 ✖

쉬운 영문을 통해 영어 독해에 대한 막연한 두려움을 없앤다.

Grade 1 — Beginner — 350 words

1 미녀와 야수
2 인어공주
3 크리스마스 이야기
4 성냥팔이 소녀 외
5 성경 이야기 1
6 신데렐라
7 정글북
8 하이디
9 아라비안 나이트
10 톰 아저씨의 오두막

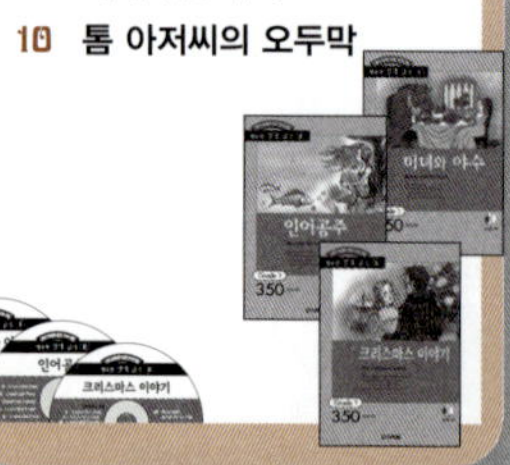

Grade 2 — Elementary — 450 words

11 이솝 이야기
12 큰 바위 얼굴
13 빨간머리 앤
14 플랜더스의 개
15 키다리 아저씨
16 성경 이야기 2
17 피터팬
18 행복한 왕자 외
19 몽테크리스토 백작
20 별 | 마지막 수업

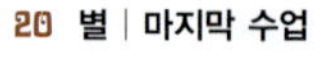
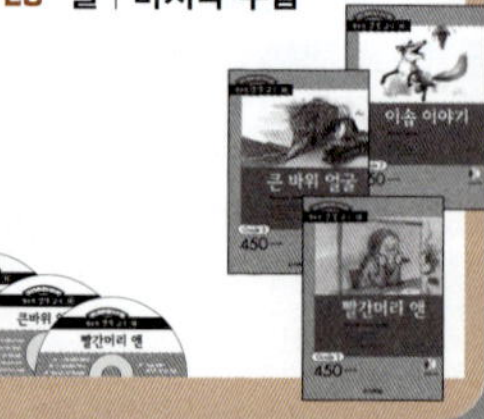

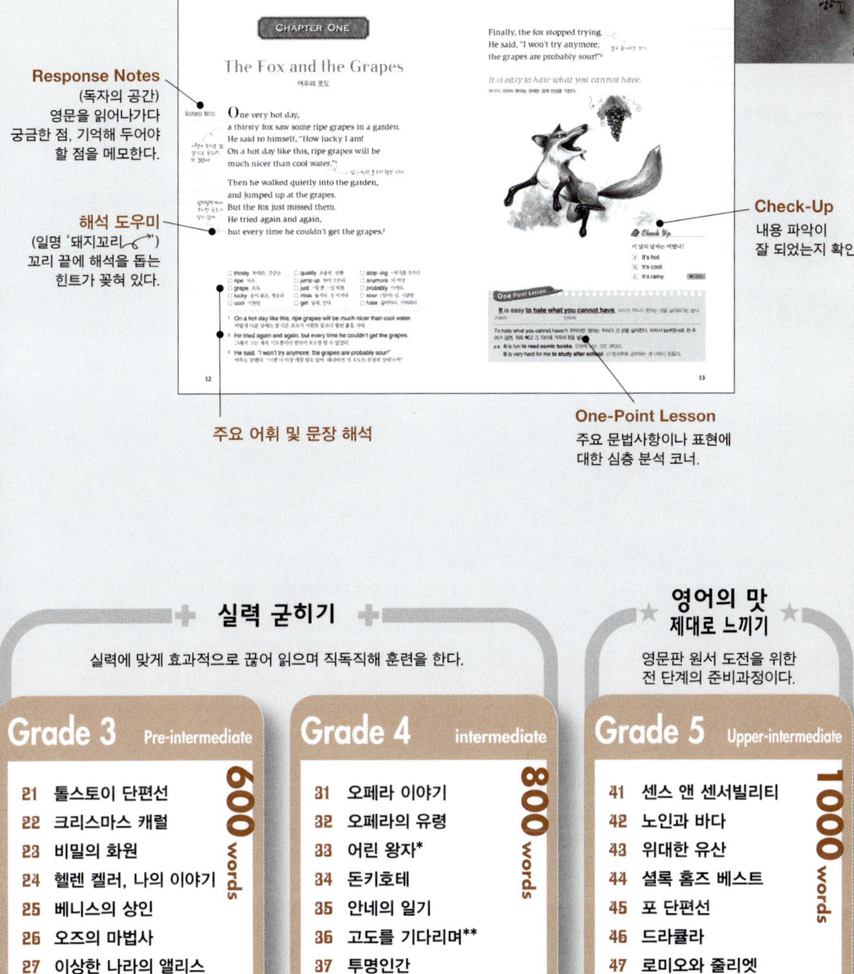

Response Notes
(독자의 공간)
영문을 읽어나가다
궁금한 점, 기억해 두어야
할 점을 메모한다.

해석 도우미
(일명 '돼지꼬리')
꼬리 끝에 해석을 돕는
힌트가 꽂혀 있다.

주요 어휘 및 문장 해석

Check-Up
내용 파악이
잘 되었는지 확인.

One-Point Lesson
주요 문법사항이나 표현에
대한 심층 분석 코너.

✦ 실력 굳히기 ✦

실력에 맞게 효과적으로 끊어 읽으며 직독직해 훈련을 한다.

★ 영어의 맛 ★
제대로 느끼기

영문판 원서 도전을 위한
전 단계의 준비과정이다.

콕콕 찍어 들려주는 명작 리스닝 시리즈 [전20권]

세계 명작소설을 쉽게 고쳐 쓴 중·고생용 학습 교재. 독해와 함께 청취력 향상을 위해 전 내용을 녹음하고, 매 페이지에 리스닝 포인트를 두어 한국인이 듣기 어려운 부분은 또박또박한 발음으로 반복해 들려준다. 권말에는 영어듣기 테스트를 수록해, 입시에서 점점 비중이 높아지는 듣기시험에 대비하도록 했다.

□ 각 권 4·6판/140면 내외
□ 정가: 각 권 5,800원 (테이프 2개 포함)

① 이상한 나라의 앨리스 / 백설공주와 일곱 난쟁이
Alice's Adventures in Wonderland /
Snow White and the Seven Dwarfs

② 이솝 우화
Aesop Fables

③ 그림 동화집 / 잭과 콩나무
Grimms Fairy Tales / Jack and the Beanstalk

④ 재미있는 이야기 / 미녀와 야수
Famous Stories / Beauty and the Beast

⑤ 알라딘과 요술램프 / 이른 아침의 살인
Aladdin and the Magic Lamp / Dead in the Morning

⑥ 오즈의 마법사 / 흑마 이야기
The Wonderful Wizard of Oz / Black Beauty

⑦ 걸리버 여행기 / 쉽게 번 돈
Gulliver's Travels / Fast Money

⑧ 거울 속의 앨리스 / 정원
Through the Looking Glass / The Garden

⑨ 피터 팬
Peter Pan

⑩ 큰 바위 얼굴 / 크리스마스 선물 /
알리바바와 40인의 도적들
The Great Stone Face / The Christmas Present /
Ali Baba and the Forty Thieves

⑪ 돈키호테 / 헨리 포드 이야기
Don Quixote / Tin Lizzie

⑫ 로빈 후드 / 어느 병사의 죽음
Robin Hood / Death of a Soldier

⑬ 신문 배달 소년 / 긴 터널 / 몰리의 순례자
Newspaper Boy / The Long Tunnel / Molly Pilgrim

⑭ 언덕 위의 집 / 헤라클레스
The House on the Hill / Hercules

⑮ 우주 도시로의 여행 / 요술 정원
Journey to Universe City / The Magic Garden

⑯ 마르코 폴로 / 크리스토퍼 콜럼버스 /
올리버 트위스트
Marco Polo / Christopher Columbus / Oliver Twist

⑰ 삼총사 / 레슬러
The Three Musketeers / The Wrestler

⑱ 불의 전차
Chariots of Fire

⑲ 런던 경시청 이야기 / 아서 왕
The Story of Scotland Yard / King Arthur

⑳ 도난당한 편지 / 붉은 머리 사교회 /
트래버스 씨의 첫사냥
The Stolen Letter / The Society of Red-Headed
Men / Mr. Travers First hunt

Notes

Notes